dtv

Der Alltag ist nicht grau – im Gegenteil, er bietet reichlich Stoff für eine liebevoll-kritische Betrachtung. Mit viel Witz und Ironie führt Ursula Ott geschlechtstypische Verhaltensweisen vor und spitzt die jeweiligen Szenarien genüsslich zu. Die Autorin gehört zu der Frauengeneration, die sich alles vorgenommen hatte, Karriere, Kinder und die ganz große Liebe. Nebenbei sollte außerdem die Welt gerettet werden. Aus der Methode »Versuch und Irrtum« ergaben sich völlig neue Einsichten ins komplizierte Dickicht der Geschlechter. Wobei es sich selbstverständlich nicht um Besserwisserei handelt, sondern um ein selbstironisches Kommentieren des eigenen Denkens.

Ursula Ott, geboren 1963, ist heute freie Autorin und regelmäßige Kolumnistin bei ›Brigitte‹ und ›Sonntag aktuell‹ und lebt mit ihren Kindern in Köln. Zuletzt erschien von ihr: ›Kinder gefährden Ihre Gesundheit!‹ (2004). Sie erhielt zahlreiche Journalistenpreise.

Ursula Ott

Wo ist die Fernbedienung?

Fast alles über Männer,
Frauen und Kinder

Deutscher Taschenbuch Verlag

Ungekürzte Ausgabe
August 2005
Deutscher Taschenbuch Verlag GmbH & Co. KG,
München
www.dtv.de

Umschlagkonzept: Balk & Brumshagen
Umschlagbild: © Peter Gayman / S. Liebrecht,
www.cartoon-agentur.de
Satz: Fotosatz Reinhard Amann, Aichstetten
Gesetzt aus der Lucida 9,25/13,5'
Druck und Bindung: Druckerei C.H. Beck, Nördlingen
Gedruckt auf säurefreiem, chlorfrei gebleichtem Papier
Printed in Germany · ISBN 3-423-20830-9

Inhalt

Vorwort 7

So ist der Mann 11

1,9 Zentimeter bleiben 1,9 Zentimeter – Der Mann hat eine Bohrmaschine **13** Heilige Orte – Der Mann fährt in Urlaub **16** Eigentum vernichtet – Der Mann baut ein Haus **19** E-Mail für dich! – Der Mann hat zu viele Medien **22** Farbe bekennen – Der Mann ist jetzt ganz offen **25** Herr Hildesheimer – Der Mann kann Espressomaschinen heilen **28** Weib auf Leib – Der Mann spricht nicht gern **31** Nine Eleven und das Y-Chromosom – Der Mann ist ein Mörder **34** Es ist aber nichts Schlimmes, oder? – Der Mann geht nicht gern zum Arzt **37** Lies mal! – Der Mann verschickt gerne Rund-Mails **43** Schimmel kann rosa sein – Der Mann spült nicht gerne **47** Keine Feier ohne Meier – Der Mann hat nur noch selten Jubiläum **50** Nicht ohne mein Stativ – Der Mann zieht um **53** Sorry, dumm gelaufen – Der Mann entschuldigt sich gern **56**

So ist die Frau 59

Fuck the pain away! – Die Frau hat Migräne **61** Wahnsinn mit Methode – Die Frau leitet ein Seminar **64** Also, ich bin's nochmal – Die Frau redet nicht gerne mit Maschinen **67** Fremde Heilungsriten – Die Frau wird im Urlaub immer krank **70** Eine UnArt – Die Frau misshandelt die deutsche Sprache **73** Hyänen mit Handy – Die Frau klatscht zu viel **76** Gefechtsfeldlyrik – Die Frau mag keine klaren Sätze sagen **79** Sie kenne ich aus der Dunkelkammer – Die Frau ist indiskret **82** So viele Worte – Die Frau taugt nicht als stumme Dienerin **85** Böse Mädchen – Die Frau ist jetzt mal ganz frech **89** Wo ist die Fernbedienung? – Die Frau liebt einen ausländischen Mann **92**

So ist das Kind 95

Nur Frauen sind Menschen – Das Kind liest korrekte Bilderbücher **97** Einlagen fürs Leben – Das Kind hat es nicht leicht **100** Nimm's doch mit Gemütlichkeit – Das Kind hat einen schlechten Musikgeschmack **103** Du das Baby, ich den Fernseher – Das Kind wird geschieden **106** Nach mir oder nach dir? – Das Kind braucht einen Namen **109** Kleine, süße, freche Biene Maja – Das Kind wirkt stilbildend **113** Disney, allein erziehend – Das Kind hat es schon wieder nicht leicht **116** Finger weg! – Das Kind will einkaufen **119** Meine Tochter ist meine beste Freundin – Das Kind sucht dringend Erwachsene **122** Zu Mama oder zu Papa? – Das Kind zieht jetzt öfter um **125**

Männer vom Mars, Frauen von der Venus und Fred vom Jupiter

Vorwort

Eins vorweg: Frauen können prima einparken. Und mit Männern, die nicht zuhören können, redet unsereine doch gar nicht. Wir reden sowieso lieber über die als mit denen.

Über Männer reden ist lustig. Kaum sagt eine Frau zu ihrer besten Freundin, weißt du was, das nervt mich unendlich: Da schickt der Typ mir eine E-Mail, und gleich darauf ruft er auf 'm Handy an und will wissen, ob ich seine wahnsinnig witzige Mail gelesen habe. »Iiih«, kreischt die Freundin, »Aufpumper! Genau wie meiner.«

Kaum erwähnt eine Frau, ihr Freund habe einen Bandscheibenvorfall, sagt die Freundin teilnahmsvoll: »Und, will er gleich sterben?« Bingo! Klar vermutet er sofort ein gemeines Krebsgeschwür in der unteren Lendenwirbelsäule. Was ihn nicht daran hindert, sich die Termine für den nächsten Marathon in seinen Organizer einzutragen. Männer!

Männer sind so. Und das Tolle ist: Wir lassen sie neuerdings sogar so. Die groß angelegten Umerziehungsversuche der 70er und 80er-Jahre haben weder sie noch ihn so richtig glücklich gemacht. Klar erwarten wir ein Minimum an Menschwerdung des Mannes: Er muss halbwegs die Geographie des weiblichen Körpers beherrschen, sich selber eine warme Mahlzeit kochen, die Brut pflegen und im Bett ganze Sätze aufsagen können. Aber er muss nicht die ganze Schuld am 11. September auf sich nehmen, nein, das muss er nicht. Und er muss auch nicht durchgängig die weibliche Form benutzen, nur weil eine von uns im Raum sitzt.

Soll er doch bei jedem Umzug seine albernen Briefmarkenalben und seine Höhlenkletterausrüstung aus Kindertagen mit sich rumschleppen. Soll er sich in der Wirrnis der Geschlechter an der akribischen Ordnung seines Heimwerker-Koffers festhalten. Fünfer-Dübel zu Fünfer-Dübel, dass ihm da keiner drangeht. Schon in Ordnung.

Wir müssen ja nicht mehr mit dem letzten Stiesel das Bett teilen. Erstens gibt es dank des allgemeinen Fortschritts doch eine erfreuliche Bandbreite an Männer-Exemplaren. Zum Heimwerker gibt es längst das in Mittelschichts-Kreisen weit verbreitete Pendant des tollpatschigen Intellektuellen. Zum maulfaulen Coach Potato gibt es den Gegenpart des narzisstischen Gedichteschreibers, dem man nie leichtfertig seine Mail-Adresse geben sollte. Zweitens muss die moderne Frau eigentlich mit gar keinem dieser Exemplare zwangsweise zusammen sein, seit sie ihre eigenen Euros verdient. Und erst seither macht sich wunderbare Gelassenheit breit. Wir brauchen die Männer gar nicht mehr, aber wir wollen sie trotzdem – ist das nicht ein Riesen-Kompliment? In freier Wildbahn macht das Spielen doch viel mehr Spaß als im Zoo.

Und Spaß muss sein. Frauen lachen neuerdings auch über sich selber, und das ist wirklich eine gute Nachricht. Frauen misshandeln die deutsche Sprache, dass es eine UnArt ist. Sie leiten Seminare, an deren Ende viele bunte Kärtchen und wenig Antworten stehen. Sie kommen nie mit der Aufnahmezeit des Anrufbeantworters aus, und selbst als frisch gebackene Soldatinnen im Kasernenhof kriegen sie keinen klaren Ton zu Stande.

Das beruhigt den Mann, denn so waren sie immer, oder? Reden viele viele bunte Texte, aber wenn es ernst wird, kriegen sie Migräne. Tja, bloß leider gibt es da auch neue Erkenntnisse. »Ich krieg Migräne, weil ich mich sehne«, trällerte einst Ireen Sheer über die frustrierte Ehefrau, die sich im Bett verweigert. »Fuck my pain away!«, röhrt 30 Jahre später die Pop-Ikone Peaches, und wehe, er bringt's nicht. Das Trauma des modernen Mannes ist ja längst nicht mehr die Frau, die nie will. Sondern die Frau, die will, dass er immer kann. »Kann immer« hieß die Kolumne über Sex und Migräne, als sie zum ersten Mal in der Wochenzeitung »Die Woche« erschien. Nie wieder gab es so viele Leserbriefe, von irritierten Männern und amüsierten Frauen.

Beides scheint zu fruchten, Amüsement und Irritation, denn irgendwie probieren sie es immer wieder miteinander, die Männer und die Frauen. Trotz immergleicher Steigerung der Scheidungsraten, trotz angeblicher genetischer Defekte, die Männer ganz anders sein und Frauen nur Schuhe kaufen lassen. Sie tun sich zusammen und kriegen Kinder, und wenigstens die sollen das alles mal besser machen. Denen kaufen wir die richtigen Bilderbücher mit lauter starken Mädchen, Kinderkassetten über vergiftete Frösche und schicken sie in Walt-Disney-Filme mit allen Abgründen amerikanischer Sozialproblematik.

Und wenn das Kind vom vielen Glotzen Rückenweh kriegt, macht Mama sich auf jeden Fall Vorwürfe. »Meinst du, wir haben Leonie zu viel aufgeladen?«, sagt sie dann zu ihm, nachdem die Kinder abends im Bett sind. »Vielleicht steht sie auch nicht mit beiden Beinen im Leben.« Und was sagt er? Er sagt: »Wo ist die Fernbedienung?«

So ist der Mann

1,9 Zentimeter bleiben 1,9 Zentimeter
Der Mann hat eine Bohrmaschine

Es gibt Menschen, die sagen, seit dem 11. September 2001 ist nichts mehr so, wie es vorher war. Die gucken das falsche Fernsehen. Heißer Tipp: einen Abend lang QVC gucken, den Einkaufskanal. Geheimtipp: »Heimwerker«, die Sendung, in der immer noch alles so ist wie vor jedem 11. September eines jeden Jahres. Innerhalb von einer Stunde verstehen Sie so viel vom Leben, da kann Arte abschalten.

Der Heimwerker ist ein Mann ist ein Mann. Er heißt Harald oder Wolfgang oder Klaus, hat einen Vollbart oder Schnäuzer, kommt immer aus dem Ruhrgebiet und präsentiert einen Werkzeugkoffer mit 370 Teilen. »Oder sind es, hihi, kicher, 270 Teile?«, fragt Birgit, die rothaarige Moderatorin, doch sie wird keines Blickes gewürdigt. Harald oder Wolfgang oder Klaus fangen wie bekloppt an zu bohren, sie hören gar nicht mehr auf damit. »Ich kann's in jede Richtung«, sagen sie zufrieden und: »Das Loch ist jetzt noch ganz warm, da glüht dat Dingens« und »Da nehmen wir jetzt mal das Lineal: 1,9 Zentimeter!« Keine Spur von Anzüglichkeit. Die rothaarige Birgit kichert zwar zwischendurch wie ein Teenie, juchzt aufgeregt »super« und »fantastisch«. Aber er hört sie gar nicht. Frauen existieren einfach nicht für den

Heimwerker. Noch nicht mal, wenn sie nervös sagen: »Harald, jetzt ist mal Schluss mit Bohren, Harald! Wir müssen aufhören!«

Ein tiefer Einblick in die Männerseele, und ich komme ins Grübeln. Es gibt anthropologische Konstanten. S. hatte eine Bohrmaschine, U. hatte eine, V. hatte eine, M. hat eine. S. war gelernter Schreiner und studierte auf Journalismus. Ein großer Frauenfreund, der an der Uni immer die weibliche Form benutzte und fand, dass auch Frauen selbstbewusst mit Schraubenzieher, Bohrer und Dübel umgehen müssen – deshalb sollte ich mein eigenes Bett zimmern. Es waren die politisch bewegten 80er-Jahre. Es endete furchtbar. S. fiel durchs Diplom, weil der Professor nicht akzeptieren wollte, dass in seiner Diplomarbeit über Medien und Polizei nur »JournalistinNen« und »Polizistinnen« vorkamen. Und ich in tiefe Depression, weil ich ein ums andere Mal den Bohrer schief ins billige Kiefernholz rammte. Eingeweiht haben wir das Bett nie.

U. war gelernter Schreiner und studierte auf Lehramt, auch er schenkte mir einen pädagogisch wertvollen Werkzeugkoffer, verschwand aber alsbald aus meinem Leben. Der rote Koffer blieb da, wurde von den nachfolgenden Männern in meinem Leben aber keines Blickes gewürdigt. Den Weiberkoffer halten sie wohl für eine Art Schmink-Box, sie bringen lieber ihre eigene Black&Decker mit. Und wenn sie anfangen, wie bekloppt in die Wand zu bohren, macht man sich als Frau am besten ganz schnell vom Einsatzort, weil man eh nur als Fleisch gewordenes Hindernis im Weg rumsteht.

Es gibt anthropologische Konstanten. Die Welt dreht sich schnell, schon gibt es mehr Journalistinnen als Journalisten, vielleicht auch eines Tages mehr Polizistinnen als Polizisten. Es ist gut, dass der Mann sich an was halten kann. Dass er weiß: Wenn ich den 8er-Schlüssel ansetze, dreht sich die Schraube. Ich kann es in jede Richtung. Und egal was passiert, 1,9 Zentimeter bleiben 1,9 Zentimeter.

Heilige Orte
Der Mann fährt in Urlaub

Die Ansichtskarte kam mir irgendwie bekannt vor. Diese raue Felsbucht hatte ich schon mal gesehen, und auch den Absender kenne ich gut: Mein Freund Markus ist wieder mal auf die einsame Kanareninsel El Hierro geflogen. Aber, Moment mal: Hatte er letztes Mal nicht eine andere Frau dabei? »Viele Grüße von Markus und Jana«, stand auf der Rückseite, und mir dämmerte: Jana ist die Neue. Frisch verliebt, haben die beiden nicht etwa neue Horizonte erkundet. Nein, Markus setzt auf Bewährtes: Auf Hierro war er schon mit Beate und mit Katrin. Beate allerdings hatte sich damals über die Unwirtlichkeit der Höhlen beschwert, in der Markus, der Naturbursche, gerne nächtigt. Und Katrin machte bei der Wandertour auf den Vulkanfelsen schlapp. Mal sehen, ob Jana den Härtetest bestanden hat.

Männer scheinen null Probleme damit zu haben, lauschige Ferienerinnerungen mit vermeintlich einzigartigen und nie wiederkehrenden Liebesnächten beliebig oft zu recyceln. Zum Beispiel Mark, der Ex-Freund meiner Kollegin Birgit. Zwölf Jahre hatten sie zusammengelebt, und jeden Winter waren sie in die Karibik geflogen, auf die Insel Tobago. Sie kochten kreolisch, hörten Calypso und waren für uns Gelegenheits-Karibik-Fahrer die allerbesten Reiseführer. Nur diesen einen Strand mit dem kleinen lauschigen Hotel, diese ehemalige Kolonialvilla direkt am Meer, verriet uns Birgit nie. »Die gehört uns«, zwinkerte Birgit mit den Augen.

Mark nahm es damit nicht so genau. Letzten Winter, die Tickets hatte Mark schon gekauft, teilte er ihr kurz und schmerzlos mit, er habe sich in eine jüngere Kollegin verliebt. Und während Birgit noch überlegte, ob sie lieber sich oder ihn erschießen sollte, war Mark schon weggeflogen – mit der Neuen. War doch praktisch, dass das kleine romantische Hotel schon gebucht war.

Wahrscheinlich sind Frauen doch unverbesserliche Romantikerinnen. Ich würde wirklich nicht auf die Idee kommen, meinen Liebsten zu jenem Leuchtturm im Norden Kaliforniens zu schleppen, wo Sommer wie Winter die Brandung so laut tost, dass man sich Liebesschwüre direkt ins Ohr brüllen muss. Der Turm gehört Marvin, Schluss. Und auch den kleinen Italiener, bei dem ich mit Uwe alle Höhen und Tiefen unserer Liebe verhandelt habe, beim besten Saltimbocca der Welt – ich habe ihn seither gemieden. Eine Mischung aus Pietät und Kitsch hält uns Frauen offenbar davon ab, die heiligen Orte unseres Liebeslebens mit einem anderen zu entweihen.

Der Mann an sich ist da ganz anders. Gern hat er es verlässlich nett – wo er einmal war, fährt er immer wieder hin, und sei es mit wechselnder Begleitung. Ganz offenbar genießt er den Heimvorteil, denn er war ja schon mal da, weiß nicht nur, von welchem Felsen aus der Sonnenuntergang besonders dramatisch wirkt, sondern auch, wo es anschließend die besten Tapas und die raffiniertesten Sundowners gibt. Dass Frauen das unter Umständen enterotisierend finden, fällt ihnen gar nicht ein.

So wie meine Freundin Britta, die mit ihrer neuesten Flamme Jörg übers Wochenende nach Rom flog, ins angeblich schönste Liebesnest der Welt. Taktvoll hatte sie vermieden, ihn zu fragen, woher er den heißen Tipp denn habe. Stutzig wurde sie erst, als es beim Bezahlen lange dauerte, bis Jörg sich mit dem Hotelier auf den Preis einigen konnte. Allen Ernstes versuchte Jörg, aus einem schwäbischen Unternehmerhaushalt stammend, einen Rabatt für die Übernachtung auszuhandeln. Schließlich sei er nicht das erste Mal hier.

Eigentum vernichtet
Der Mann baut ein Haus

Jahrelang war sie nach der Zigarettenwerbung meine Lieblingswerbung: Verliebte, ausgelassene junge Paare, die endlich ihre eigenen vier Wände haben wollen, weil der spießige Vermieter ihnen mitternächtliche Feten verbietet. Oder weil sie ein niedliches Baby erwarten oder überhaupt ihrer Zukunft ein Zuhause geben wollen. Landesbausparkasse. Inzwischen appelliere ich ernsthaft an den Bundesbauminister. Führen Sie einen Warnhinweis ein: Der Erwerb von Eigentum gefährdet ihre Beziehung.

Denn es häufen sich die Fälle post-notarieller Liebes-Desaster in meinem Freundeskreis. Und immer sind es die Männer, die den uralten Auftrag mit sich rumschleppen: Ein Haus bauen. Einen Baum pflanzen. Einen Sohn zeugen. Liebe Männer – pflanzt Bäume!

Da ist meine Kollegin Eva. Jahrelang hangelten sie und ihr wissenschaftlich tätiger Mann sich ohne Trauschein und ohne Baudarlehen durchs Leben. Das Lotterleben sollte irgendwann ein Ende haben, auch steuerlich. Die Hochzeit war fulminant. Die Beurkundung des Wohnungskaufs vier Wochen später desaströs: Eva musste sich auf der Toilette des Notariats zweimal übergeben, und es waren keine Schwangerschaftsbeschwerden. Es war schlimmer: das Gefühl, dieses gemeinsame Balg, die

400.000 Euro-Eigentums-Wohnung, im Zweifelsfall noch nicht mal bei der Babyklappe entsorgen zu können.

Es folgten Wochen und Monate in Küchenstudios und Bäderstraßen. Freunde waren entnervt, weil bei Abendessen ständig die Frage erörtert wurde, ob eine Dunstabzugshaube mit Umluft dem Modell mit Abluft ebenbürtig sein könne. Und ob sich bei einer Badewanne der Aufpreis für Eck-Modell und extragroße Liegefläche lohnt.

Am Tag, als das letzte Sofa geliefert wurde, rot mit Samt und stufenlos verstellbarer Liegefläche, kam der Gatte nicht nach Hause. Per E-Mail teilte er mit, er habe sich auf einer Tagung in eine Kollegin verliebt. Er wohnt jetzt wieder zur Miete. Und Eva hat sich ein paar gelbe Plastikenten gekauft, die in der XXL-Badewanne um die Ecken schwimmen.

Erst wenn die letzten Kacheln verfugt, das letzte Regal verschraubt und die letzte Diele verklebt ist, merken moderne Paare, dass es für die Liebe keine Bauanleitung bei Obi gibt. Und dass es verdammt still sein kann in vier Zimmern Altbau, wenn erst mal der letzte Bohrer verstummt ist. Post domum animal triste, oder so ähnlich sagt der Lateiner: Nach dem großen Wohnungskauf-Akt setzt die tiefe Depression ein.

So wie bei meinem Schulfreund Jan, der ein altes Fachwerkhaus im Remstal jahrelang renovierte, Sommerferien und Wochenenden inklusive, bis in seiner Ehe der Wurm saß. Oder meinem Kollegen Mike, der seiner Kleinfamilie auf der Schwäbischen Alb ein Ökohaus baute und sich kurz nach Schlüsselübergabe in eine Volontärin verliebte. Beide wohnen jetzt mit neuen jungen Frauen in kleinen innerstädtischen Mietwohnungen. Und bezahlen von ihrem Gehalt das Baudarlehen für Eigenheime ab, in denen die Ehefrauen wohnen.

Neuerdings kann man sich übrigens versichern gegen derlei Ungemach: Wer eine Wohnung kauft, kann gleich beim Makler den Tarif »Resale Protect« abschließen. Falls man sich nach Beurkundung verkracht und die Wohnung schnell wieder verkaufen muss – meist mit Verlust. Kostet stolze 0,4 Prozent des Kaufpreises plus Versicherungssteuer. Billiger wäre der Warnhinweis. Notfalls in der Kurzversion: Eigentum vernichtet!

E-Mail für dich!
Der Mann hat zu viele Medien

Ich habe in den 80er-Jahren einige Semester eine Wissenschaft studiert, die damals alle peinlich fanden. Sie hieß Kommunikationswissenschaft, produzierte viel heiße Luft und zog vor allem jene an, die es nicht geschafft hatten, richtige Journalisten zu werden, aber wenigstens mit dem amerikanischen Fachvokabular glänzen wollten. Wichtig, wichtig konnte man zum Beispiel vom »knowledge gap« daherreden, einer Theorie, die besagte, dass jedes neue Medium die Schlauen noch schlauer und die Dummen noch dümmer macht.

Die Neuen Medien, die es in den 80ern zu erforschen galt, waren allerdings übersichtlich: Es gab Fernsehen – davon möge man wenig konsumieren, empfahl der Dekan bei der Einführungsvorlesung. Noch könne die junge Forschung bislang nicht sagen, ob Horrorfilme die Zuschauer blöd, gemeingefährlich oder eher entspannt machen. Ansonsten gab es den Bildschirmtext, gegen den wir Studenten sofort eine Bürgerinitiative gründeten, weil er die Menschen in die Einsamkeit am Bildschirm treiben würde. Der uns aber leider die Show stahl, indem er von selber Pleite ging. Und dann gab es noch Telefone, die aber niemand als Medium wahrnahm.

Zu früh studiert. Heute würde ich sofort eine Seminararbeit schreiben zum Thema, nennen wir es: »Laber gap.« Empirisch scheint mir mittlerweile bewiesen: Jedes neue Medium reißt den Graben weiter auf zwischen Schwätzern und Schweigern, macht die Geschwätzigen noch geschwätziger und die Stillen noch stiller. Nehmen wir das geniale Medium E-Mail, das bekanntlich den Vorteil hat, Menschen nicht persönlich anrufen, sie nicht fragen zu müssen, ob man gerade stört, und kein Interesse fürs sonstige Wohlbefinden heucheln zu müssen. Anliegen schildern, kurz und gut und tschüss.

So weit die blanke Theorie. In Wahrheit sind E-Mail-Junkies, vor allem Männer, meist auch in ihrem sonstigen Kommunikationsverhalten aktiv. Kaum haben sie eine E-Mail abgeschickt, in der sie sich zu mäßigem Sprachwitz verstiegen haben, schon rufen sie an. »Hast du meine E-Mail gekriegt?« Manchmal schicken sie auch gleich eine SMS aufs Handy: »E-Mail für dich«. Und wehe man beantwortet Short Messages nicht sofort. Dann klingelt das Festnetz. »Ist dein Handy kaputt, oder was?« Gerne ruft mich auch meine Busenfreundin Flora an, weil sie eine SMS an meinen Freund Matthias geschickt, aber noch keine Antwort bekommen hat. »Wenn du ihn nachher anrufst – kannst du ihn mal fragen, ob meine SMS angekommen ist?«

Letzten Freitag war ich bei einem Freund eingeladen, der eine boomende PR-Agentur leitet. Mittags bekam ich einen Flyer von Telepizza vorgelegt. Ich wollte einen Salat Capricciosa, die anderen bestellten Nudeln. »Capricciosa gibt's nicht im Internet«, vermeldete die Sekretärin kurz darauf, aber telefonisch könne sie jetzt auch nicht mehr bestellen, weil die Nudeln schon unterwegs seien. Der Aufwand, mit Hilfe von Handys und Computern allen Anwesenden zu Salaten und Pasta zu verhelfen, entsprach in etwa dem, einen persönlichen Pizza-Bäcker auf 325-Euro-Basis anzustellen.

Das vorläufige Ergebnis meiner Feldforschung: Kein einziges neues Medium macht die Menschen einsam. Die Doofen (ich könnte jetzt auch in der ersten Person Singular schreiben) haben vorher schon viel geschwätzt und schwätzen jetzt noch mehr. Und die Schlauen schalten Handy und Computer ab und gucken ganz entspannt Horrorfilme.

Farbe bekennen
Der Mann ist jetzt ganz offen

Im Vertrauen: ich hasse dieses Wort. Es war einmal ein schönes Wort, so voller Glaube-Liebe-Hoffnung. Aber seit irgendein hoch bezahlter Redenschreiber daraus die »Vertrauenskultur« gemacht hat, ist es wie mit dem Streiten: Streiten war mal laut, hart, ungerecht und somit sehr befreiend. Streitkultur ist lau und langweilig – wer streitet schon gerne kultiviert.

Ex-IBM-Chef Erwin Staudt hat sie seinerzeit seiner Company verordnet, hat Trennwände zwischen Büros herausreißen lassen und verkündete in erlesenen Business-Zirkeln, es herrsche jetzt »Vertrauenskultur«. Ja, was hatten die denn vorher in Stuttgart? Einzelhaft und Stasi-Methoden?

Die Gesundheitsministerin lässt mitteilen, zur neuen »Vertrauenskultur« ihres Hauses gehöre das Vertrauen in die Finanzierung des Krankenversicherungssystems. Das ist sowieso nicht mehr finanzierbar, erzählt mir mein Kinderarzt bei jedem Besuch. Er wolle mir das nur jetzt schon mal sagen, bis in zwei Jahren könne er sich nur noch Privatpatienten leisten. Vertrauenskultur.

»Der Trend geht in Richtung Wahrheit«, meldet der Wirtschaftsteil der »Welt am Sonntag«: »Sportartikelhersteller sprechen über Kinderarbeit, Zigarettenkonzerne alarmieren über die Gefahren des Rauchens.« Merke: Sie hören nicht etwa auf, Kinder zu beschäftigen oder Krebs erregende Substanzen zu produzieren. Aber sie reden jetzt total offen drüber. Vertrauenskultur.

Tue Gutes und schweige, hieß früher eine Devise. Heute scheint sich das gewandelt zu haben in ein gnadenloses: Tue ruhig Schlechtes – Hauptsache, du redest drüber. Die Sexualforschung hat dafür ein noch absurderes Wort geboren: »Offenheitstreue«. In einem Sammelband über »Sexuelle Szenen« wird allen Ernstes behauptet: »Schlimmer als sexuelle Untreue ist das Verschweigen von Seitensprüngen.« Nach dem Motto: Ich bin zwar ein Schwein. Aber ich hab's dir ja immer schon gesagt. Noch bigotter geht es wirklich kaum mehr. Wenn man früher seinen Partner beim Fremdgehen erwischt hat, konnte man wenigstens eine gepflegte Racheorgie einleiten, Autoreifen zerstechen, CDs glattbügeln oder Festplatten löschen. Wie machen das »offenheitstreue« Paare? Wahrscheinlich praktizieren sie Streitkultur. Und Liebe nach Kalender.

Schwer zu sagen, wann es angefangen hat mit dieser epidemischen Offenheit. So orakelte der Geschäftsführer des Deutschen Instituts für Herrenmode vom Trend zur Wahrhaftigkeit und Transparenz. Zum Beispiel in der Mode, wo wieder »Farbe bekannt« wird. Oder im Design, wo nach dem Siegeszug des durchsichtigen Apple I-Mac jeder popelige Tchibo-Wecker und jeder Staubsauger sein Innenleben zur Schau stellt. Auch meine Küche hat Türen aus Milchglas, damit jeder gleich sieht, dass ich auf Grund langjähriger Fehlplanung 13 Untertassen, aber nur fünf Tassen mit demselben Muster habe.

Manchmal erinnert mich diese Mode an Holland-Urlaube, wo wir als Jugendliche staunend vor jenen Puppenhäuschen standen, die nie Vorhänge hatten. Die geschmacklosesten Einbauschränke konnte man von der Straße aus sehen, Papa mit der Bierflasche vorm Fernseher und Mama mit den Lockenwicklern. Es war ein bisschen wie Gucklochkino, obwohl nie was Spannendes passierte. Die haben nichts zu verbergen, sagte mein Freund damals, die sind einfach nicht so gschamig wie ihr im katholischen Oberschwaben.

Im Fernsehen sind ohnehin längst alle Vorhänge gelüftet, setzen sich Tausende von Deutschen in Daily Talks und berichten freimütig, wie sie ihrem besten Freund die Freundin ausgespannt oder das eigene Kind vernachlässigt haben. Vermutlich um öffentlich Tadel oder Vergebung einzufordern – im Idealfall von einem leibhaftigen Pfarrer wie Fliege, der wiederum seine eigenen Abgründe schonungslos zu Markte trägt.

»Schutzlose Erinnerungen« heißt nämlich Flieges eigene Beichte in Buchform, wo er ohne Not von einer attraktiven jungen Frau berichtet, die ihn ans Sterbebett der Mutter ruft: »Hey, in meine Sorgen um die sterbende Frau mischt sich unprofessionelle Anmache. Hilfe, Vater, meine Seele ist nicht frei!« Hey, Fliege, was geht uns das an? Können Sie das nicht persönlich mit ihrem Chef da oben ausmachen, müssen wir da alle mithören? Wollen Sie wirklich, wie der Kabarettist Wolfgang Nitschke in seinem »Bestsellerfressen« vermutet, »auf Teufel komm raus für Ihren Fliegendreck einen vor die Mappe kriegen«?

Herr Hildesheimer
Der Mann kann Espressomaschinen heilen

Es ist ein verheerender Morgen. Zu viel billigen Weißwein am Vorabend, zu wenig Schlaf. Es hilft nur eins: schnell Kaffee.

Wir sind ein moderner Haushalt. Keine deutsche Filterbrühe, so was führen wir gar nicht, wir haben eine Solis Espressomaschine, Schweizer Präzisionsgerät, das italienische Espressobohnen frisch mahlt und aufbrüht. Für 699 Mark, damals gab es noch Mark, bei der Eröffnung des Media Marktes von einer Palette gezerrt, im Nahkampf mit 500 Kölner Hausfrauen. Wir sind ja nicht blöd. Das verbindet uns, die Solis und mich.

Aah, hört sich gut an. Drrr mahlt die Solis die Bohnen, pfff kocht das Wasser. Aber dann, schlurp schlurp schlurp. Nichts als heiße Luft. Die Solis spuckt kein Wasser aus. Sie verschluckt sich ein paar Mal, rotzt ein bis zwei bräunliche Tropfen in die so genannte Abtropf-Schublade. Das war's.

Ein verheerender Morgen. »Wasn da los?«, blökt Matthias aus dem Bett, quält sich in die Küche und sagt sein Mantra her: Ich-hasse-diese-Maschine, Warum-haben-wir-keine-normale-Kaffeemaschine und solche Sachen. Klarer Fall von Ödipus. Die Solis und ich, diese Liebe währt schon länger als die Liebe zu Matthias. Die Eröffnung des Media Marktes lag vor seiner Zeit. Er hasst die Maschine, immer schon. Er braucht viel Kaffee, ganz viel, kann auch gerne Aldi für 2 Euro 19 sein. Eine kaputte Design-Maschine bestätigt alle seine Vorurteile.

Ohne Frühstück, ungewaschen, wuchte ich die Solis in den Kofferraum und fahre in die Stadt. Erste Station: Espresso-Haus, ein schicker Designladen, der nichts verkauft außer Espresso-Maschinen. Jetzt verkauft er gar nichts mehr. »Dieses Lokal können Sie mieten«, steht an der Fensterscheibe. Sollte das Ende der Espresso-Ära angebrochen sein? Hat Matthias doch Recht, alles vergängliche Moden? Zweite Station: Elektrogeräte-Fachhandel. »Wir schicken alles ein«, sagt die Verkäuferin. Werkstatt? War gestern. Mein Kopf ist kurz vor dem Kollaps, ohne Koffein, mit zu wenig Schlaf, zu viel Weißwein im Kopf und dem Lästern von Matthias im Rücken.

Last exit Media Markt. Es ist gespenstisch. Als hätte irgendwer unsere Ankunft angekündigt, die Ankunft von mir und meiner Solis, sagen sie alle: »Sie wollen sicher zu unserem Herrn Hildesheimer.« Herr Hildesheimer? Stumm stehen sie da und weisen mit ihren Händen den Weg, die Verkäufer von Autoradios, DVD-Playern und Normalpapierfaxen, als ich meine Monster-Solis in Richtung Kleingeräte-Abteilung wuchte. Da lang, da runter die Rolltreppe, alle Wege führen zu Herrn Hildesheimer.

Herr Hildesheimer ist nicht schön. Ein schmächtiger, schüchterner kleiner Mann. Aber Herr Hildesheimer ist ein König. Er regiert über 83 verschiedene Espressomaschinen, und er bedient gerade seine Kolleginnen mit sehr italienisch riechendem Espresso in kleinen Tassen.

Meine Libido regt sich. Inzwischen wäre ich fast zu allem bereit, für einen Kaffee. Kaffee!

Herr Hildesheimer ist ein Solis-Fan. Er kennt meine Maschine, ach was, er kennt jede Schraube und jede Dichtung. Er dreht die Heißwasserdüse auf, schraubt am Mahlgrad-Verstellknopf und greift beherzt zum Reinigungspinsel. Vielleicht war er in seinem vorigen Leben eine Espressomaschine? »Jetzt prüfen wir die Betriebstemperatur der Brüheinheit.«

Hildesheimer Supermann. »Jetzt jagen wir die Temperatur auf einen Schlag hoch«, freut er sich, »dann ist da wieder mehr Druck drauf.« Und tatsächlich, man möchte gar nicht hingucken. Aus dem so genannten Kaffee-Auslauf-Rohr bricht eine veritable Super-Eruption. Die Verkäuferinnen kichern. »Puh, hast du heute aber Dampf drauf.«

Himmel, wo bin ich hingeraten. Es ist elf Uhr, ich habe noch immer kein Koffein im Hirn. Meine grauen Zellen beginnen zu tanzen. Soll ich Herrn Hildesheimer heiraten? Sofort, hier und jetzt?

Mit letzter Kraft erreichen die Solis und ich unsere heimische Küche. Matthias sitzt zufrieden am Tisch. Er hat bei Tchibo eine deutsche Kaffeemaschine gekauft, aus der eine dünne braune deutsche Kaffeebrühe tropft. Soll ich es ihm erzählen? Soll ich ihn narzisstisch kränken, ihm von Herrn Hildesheimers Super Nova in der Kleingeräteabteilung berichten?

Endlich, Kaffee in meinem Kleinhirn! Ich fange an, meine Gedanken wieder zu sortieren. Man muss in einer Beziehung nicht alles erzählen. Ich bin ja nicht blöd.

Weib auf Leib
Der Mann spricht nicht gern

Nach wochenlangem Dauerregen schien endlich wieder die Sonne, und Gina sprühte vor Leben. »Wir sollten was Ausgeflipptes im Urlaub machen«, schlug sie Uwe vor, »und weißt du was? Heute haben sie mir einen neuen Job angeboten in der Agentur, sag mal, findest du Kinder auch so niedlich, obwohl, Jasper und Valerie haben sich ja getrennt, nachdem ihr erstes auf der Welt war.«

Mindestens vier vernünftige Gesprächsangebote in zwei Minuten. Aber Uwe schwieg beharrlich. Uwe starrte vor sich hin, nippte an seinem Wein und legte die Stirn in Falten. Allein diese Geste verleitete Gina zu vorzeitigem Optimismus. »Was denkst du gerade?«, fragte sie hoffnungsvoll. Uwe antwortete: »Ich habe Blähungen.«

Diese in ihrer Schlichtheit geradezu brillante Aussage deutet in die richtige Richtung: Es muss körperliche Ursachen haben – das Schweigen der Männer. Warum sollten sonst so viele davon betroffen sein? Eine Art geschlechtsspezifische Störung, die dazu führt, dass schon leicht radebrechende Exemplare der Gattung Mann sensationelle Erfolge beim anderen Geschlecht landen.

Frauen schmelzen dahin, sobald ein Kerl wie mein Freund Manfred ihnen im Bett einen Vierzeiler von Bert Brecht rezitiert. Sie ahnen, dass es sich um Recycling handelt: Keine glaubt, dass sie die Erste ist, der Manfred verwegen »Weib« auf »Leib« und »Fleisch« auf »Gekreisch« ins Ohr reimt. Hastig holpert der Paarreim. Unter Stummen ist der Stotternde König.

Wie bei allen körperlichen Gebrechen gibt es technische Hilfsmittel, die das Leiden mindern. Schon die Erfindung des Computers samt Internet-Anschluss führt bei sprachgestörten Männern zu erstaunlichen Lernerfolgen. Kriegen sie im wirklichen Leben nur schwer einen kompletten deutschen Satz mit Subjekt, Prädikat und Objekt zu Stande, ergießt sich per E-Mail ein wahrer Sprachdurchfall ins Netz. Und gibt man dem Mann ein Handy, kann er plötzlich ohne Not drei Minuten am Stück frei reden. Auch wenn er nur mitteilt, dass er gleich in den Rheinufer-Tunnel einfährt und deswegen wahrscheinlich gleich die Verbindung weg ist.

Kurzum: Er kann reden, wenn er will. Aber er will nicht. Ganze 16 Prozent der Männer unterhalten sich noch ernsthaft mit ihren Ehefrauen, hat das Meinungsforschungsinstitut Allensbach erhoben. 1953 waren es noch 39 Prozent, seither ging es kontinuierlich bergab mit der Mitteilungsfreude: 1979 waren es noch 29 Prozent und heute eben 16. Warum nur?

Schauen wir uns die Jahreszahlen genauer an. 50er-Jahre: Nachdem die Männer aus dem Krieg zurückkamen und die tüchtigen Frauen wieder an Heim und Herd schickten – da hatten sie wirklich was zu sagen. »Schatz, machst du uns einen leckeren Kuchen mit Backin von Dr. Oetker?« und so Sachen. Die Welt war in Ordnung, er durfte tagsüber raus, sie hörte mit weit aufgerissenen

Augen zu, während er abends tapfer von seinen Heldentaten berichtete.

Dann wurde alles anders. 70er-Jahre: Die Weiber wollten ihr eigenes Geld verdienen, hatten abends selbst was zu erzählen. »Ich geh übrigens Samstag nacht zur Walpurgisdemo« oder »Wenn du dich nicht sterilisieren lässt, dann ist Schluss mit Penetration.« Nein, das war nicht die Kommunikation, die er schätzte. Also sagte er einfach: nichts. Auf die großen Fragen des Lebens »Bist du mir treu?« oder »Willst du ein Kind?« – antwortete er bestenfalls mit einem unverbindlichen »Mmmh.« Wahrscheinlicher aber mit: »Hast du deine Tage, oder warum bist du so schlecht drauf?« Gerne auch: »Kannst du das nicht in deiner Selbsterfahrungsgruppe besprechen?«

Dann kamen die 90er, und die Frauen nahmen ihr Schicksal selbst in die Hand. War er treu? Keine Antwort? Okay, dann suchten sie sich eben einen Lover. Wollte er Kinder? Sagt er nicht? Dann halt allein erziehen. Das wiederum verunsicherte die Männer komplett. Und sie verstummten ganz.

Womit wir im neuen Jahrtausend angekommen wären, in dem die moderne Medizin angeblich gegen alles ein Mittel gefunden hat. Heißer Tipp der Weltgesundheitsorganisation: Pro Woche 200 Milligramm Testosteron verhelfen maulfaulen Männern zwischen 18 und 40 Jahren zu nie da gewesener Wortgewalt. Einziger Nachteil: Das räumliche Vorstellungsvermögen sank bei den Testmännern auf weibliches Niveau. Sprich: Weder sie noch er finden künftig auf der Straßenkarte die Ausfahrt Leverkusen-Nord. Aber sie können sich prima drüber unterhalten.

Nine Eleven und das Y-Chromosom Der Mann ist ein Mörder

Letzten Sonntag in der Sauna. Mediterrana in Bensberg, mit duftenden Rosenblüten und dampfendem Hammam. So, wie wir uns vor dem 11. September 2001 den Orient vorgestellt haben, ein Traum von 1001 Nacht.

Ruheraum, bei flackerndem marokkanischen Windlicht auf karminroten Kissen. Mein Freund zieht seine Saunalektüre aus der Tasche, ich meine: Er hat »Men's Health« mitgebracht, ich die neue »Emma«. Der »Emma«-Titel von erhabener Schlichtheit: auf einer mit Stacheldraht verschleierten Muslimin steht neben dem bildzeitungsroten TERROR nur eine Zeile: »Männer, Männer, Männer«. »Lass mal lesen«, flüstert Matthias, »hab ich mir schon gedacht, dass ich irgendwie mit schuld bin am Anschlag aufs World Trade Center.«

Ich schnapp mir dafür »Men's Health«. Das Editorial die reinste Selbstgeißelung: »Warum wir?« Ein sehr modern aussehender Chefredakteur namens Frank Hofmann fragt: »Warum sind Gewalt und Hass Männersache?« und verweist auf ein hormonell gesteuertes Gewaltzentrum im männlichen Gehirn. Hilfe! Heißt Frank Hofmann in Wahrheit Franziska Hoffrau? Ist das hier die »Emma« oder was? Mir läuft der Schweiß den Rücken runter auf die karminroten Kissen. Jeder Mann ein geborener Gewalttäter?

Quatsch, zischt Matthias, der inzwischen das »Emma«-Editorial von Alice Schwarzer gelesen hat. Ist nicht angeboren, sondern antrainiert. »Auf der Fahndungsliste des FBI mit den weltweit gefährlichsten Terroristen stehen 22 Männer und keine einzige Frau«, liest er vor, »sie alle sind durchdrungen vom Hass auf das Andere – und der erste Andere ist die Frau.«

»Muss es nicht die erste Andere heißen?«, frage ich ermattet. Inzwischen regt sich Unmut hinter dem flackernden Windlicht. »Pscht, Ruheraum«, raunzt ein Saunagast, männlich, ganz offensichtlich gesteuert vom Y-Chromosom, das »im Gehirn des Mannes eine Region aufbaut, in der Aggressionen an das übrige Gehirn weitergeleitet werden«. Schreibt »Men's Health«.

»Ich geh mal zur Massage«, flüstere ich Matthias ins Ohr. Am Eingang zum Massageraum hängt eine ungewöhnlich lange Erklärungstafel. Der ägyptische Masseur, so wird erläutert, sei für seine besonders einfühlsamen Hände bekannt. Er sei nämlich sehbehindert und verfüge deshalb über ungewöhnlich taktile Fähigkeiten. Hm. Aber was macht der mit seinem Y-Chromosom im Hirn? Am Ende leitet er seine Aggressionen über seine übersinnlichen Hände an meinen zarten Nacken ab. Aua.

Andererseits, behindert und islamisch macht den Masseur, obwohl männlich, doch irgendwie anders. Zumindest zum zweiten Anderen. Vielleicht ist er ja auch noch schwul.

Total relaxt kehre ich nach 20 Minuten in den Ruheraum zurück. Matthias pennt. Auf den karminroten Kissen liegt aufgeschlagen »Men's Health«. In meiner Abwesenheit scheint er sich zu den wesentlichen Fragen vorgearbeitet zu haben. »Endlich genug Sex! So wird sie unersättlich.«

Es ist aber nichts Schlimmes, oder? Der Mann geht nicht gern zum Arzt

Es war eine der letzten ungeklärten Fragen der Menschheit. Morgens um elf, ein Wartezimmer in einer deutschen Großstadt. Internistische Praxis, also Spezialist für alles, was Männern so wehtut: Magen, Herz, Leber und umliegende Organe. Aber auf den Stahlrohrsesseln sitzen nur Frauen. Wo sind die Männer?

Ich weiß es, seit ich neulich morgens um elf bei »Mr Wash« war. So wie manche Männer mit 40 zum ersten Mal zum Arzt gehen, besuchte ich mit 38 zum ersten Mal eine Autowaschanlage, und das auch nur, weil ich mein Auto anschließend verkaufen und den Marktwert nach oben treiben wollte.

Und da waren sie. Im feinen Zwirn, mit Trenchcoat und Handy, viel beschäftigte Männer warteten geduldig in der Autoschlange. Mit Hingabe und unendlich viel Zeit bedienten sie Staubsauger und Shampoonierer, versprühten liebevoll ein paar Spritzer Duftspray auf der Innenhaut ihres BMW, prüften sorgfältig Luftdruck und Ölstand. Ich begriff: Frauen warten ihren Körper. Männer warten ihr Auto.

Warum nur gehen Männer nicht gern zum Arzt? Vielleicht liegt es am Lesezirkel. Zu viel »Frau im Spiegel«, zu wenig »Playboy« in deutschen Wartezimmern. Er könne das schlecht ertragen, sagt mein Freund Matthias, diese bunten Hefte, die so viel über Magengeschwüre, Migräne und Menstruationsbeschwerden schreiben, dass man sich selber ganz schlecht fühlt. Matthias würde lieber »Fit for fun« und »Motorrad« im Wartezimmer lesen, sagt er. Irgendwas, das ihn davon ablenkt, dass er wegen seinen nervösen Magenbeschwerden hier ist. Irgendwas, das ihm sagt: Junge, das ist hier ein kleiner Betriebsunfall. Ansonsten bist du topfit.

Natürlich ist er nicht topfit. Matthias hat kaputte Knie, Tom hatte unlängst einen Bandscheibenvorfall, Jochen und Volker leiden unter Bluthochdruck. Männer sind nachweislich öfter krankgeschrieben als Frauen, und sie sterben früher. Trotzdem gehen sie nicht zur Krebsvorsorge – bis auf eine tapfere Minderheit von 13 Prozent, die wahrscheinlich von ihren Gattinnen geschickt werden. So was wie den Frauenarzt, den unsereine schon wegen Pillenrezept oder Kinderwunsch regelmäßig konsultiert, gibt es für Männer sowieso nicht. Und selbst mit klassischen Männerkrankheiten wie Bluthochdruck kommen mehr Frauen in deutsche Arztpraxen, behauptet eine Studie. Warum?

Martin sagt, er will sich »diesem Medizinbetrieb einfach nicht aussetzen«. Nun ist Martin kein Kämpfer wider die Schulmedizin, im Gegenteil: Bei Schnupfen ist er eher der Typ »Wick Medinait« als der Typ »Lindenblütentee«. Aber Martin ist Chef, zumindest so was Ähnliches: Er hat ein kleines Ingenieurbüro mit drei Leuten. Alles unter Kontrolle. So einer wartet nicht im Wartezimmer mit zehn Leuten. So einer fragt nicht: »Herr Doktor, was soll ich tun?« So einer geht lieber in die Apotheke und kauft eine dieser Wunderwaffen, die laut Werbung auf das Kommando »Husten, marsch!« oder »Schnupfen, dich krieg ich« parieren.

Nur in absoluten Notfällen betritt Martin eine Arztpraxis. Peter-Jürgen Schulze, Radiologe in Hamburg, kennt solche Typen wie Martin, die scheinbar furchtlos auch den fiesesten Befund entgegennehmen. »Die sind schon fast zur Tür raus, drehen sich noch mal schnell um und sagen scheinbar beiläufig: Ist aber nichts Schlimmes, oder?« Gern sitzen sie dem Arzt in Chefhaltung mit übereinander geschlagenen Beinen gegenüber und kommentieren jede Nachricht mit einem »Richtig, richtig«. »Ich sage dann immer: Vielen Dank, dass Sie mir das bestätigen«, grinst Schulze. Hauptsache, es bleibt immer klar, wer hier wem was zu sagen hat.

Tom zum Beispiel, der Mann meiner Freundin Manuela, hat es geschafft, aus seinen Ärzten moderne Dienstleister zu machen. Tom ist Art Director in einer Werbeagentur mit Kunden in aller Welt, er kommt oft spät abends am Flughafen an. Plagt ihn eine Stirnhöhlenvereiterung, ruft er per Handy vor dem Abflug seine Frau an, die den privatärztlichen Notdienst alarmiert. Der setzt sich so zeitgerecht in Bewegung, dass Tom bei seiner Ankunft direkt seine Penicillinbombe bekommt. Der Arzt als Boxen-Mechaniker, der die Maschine noch mal fitmacht für eine Runde.

Dabei ist gerade die workoholische Werbebranche durchaus gesundheitsbewusst. Wer 14 Stunden am Tag kreativ sein soll, muss gesund bleiben. Gegessen wird vegetarisch, gesessen ergonomisch, als außertarifliche Sozialleistung gibt's Müsli gratis und einmal die Woche einen mobilen Masseur. Alle zwei Jahre wird die Führungs-Crew an die amerikanische Westküste geflogen zum Check-up in einer Spezialklinik.

Letztes Mal hatte Tom Pech: Auf dem zwölfstündigen Rückflug erlitt er einen Bandscheibenvorfall. Jeder anständige Orthopäde würde sagen: Arbeiten Sie weniger, hören Sie auf zu rauchen, gehen Sie zur Krankengymnastik, fahren Sie weniger Auto und mehr Fahrrad. Das weiß Tom, deshalb meidet er Orthopäden. Lieber steht er eine Stunde früher auf und lässt sich vom Taxi zu einem teuren Fitnessstudio fahren, das auf Rückenprobleme spezialisiert ist. Danach steigt er meist direkt ins Flugzeug.

Gymnastik ist was für Weiber. Kein Mann – es sei denn, er ist über 60 oder schwul – schlägt freiwillig seine Turnmatte auf zwischen gickernden Hausfrauen und Studentinnen. Will er was für seinen Rücken tun, trainiert er für den New-York-Marathon oder mietet sich im Studio einen Einzeltrainer. Lässt sich die Bandscheibe davon nicht beeindrucken, will er sofort operiert werden.

Und außerdem will er sofort sterben. Da Männer nach dem digitalen Prinzip »ganz oder gar nicht« ticken, sind sie entweder topfit – oder dem Tode geweiht. Schon ein grippaler Infekt, mit dem Frauen noch tapfer morgens das Kind zur Krippe bringen, einkaufen und sich ins Büro schleppen, wirft Männer vollkommen aus der Spur. Mein Freund Stefan hat sich in diesem Fall auf das Prinzip »Schotten dicht« verlegt, verbarrikadiert sich mit einem Stapel Zeitschriften im Bett, verlangt nach Chemo-

Hämmern und frisch gekochter Hühnersuppe und will mit den Widrigkeiten des Alltags weiter nicht belästigt werden. Obwohl das immer ganz gemütlich aussieht, äußert er ernsthafte Sorgen um sein geschwächtes Immunsystem und mutmaßt eine erbliche Disposition, die ihn alsbald dahinraffen wird – was ihn nicht davon abhält, die Hühnersuppen-Diät mit drei Tafeln Schokolade zu unterlaufen.

Erst recht im Anblick von Krankenhausbetten mutiert der unverwundbare Indianer unvermittelt zum wehleidigen Bleichgesicht. So wie Volker, dem man neulich zu Untersuchungszwecken einen Herzkatheter einführte, was ihn sofort ohnmächtig in die Arme der Krankenschwester sinken ließ. Oder Jochen, der neuerdings Betablocker gegen Bluthochdruck nehmen muss. Wer die beiden miteinander telefonieren hört, glaubt an ihr nahes Ende. So wie sie früher den Dax diskutiert haben, tauschen sie jetzt ihre Cholesterinwerte aus und langweilen ganze Abendgesellschaften mit der Problematisierung ihres unteren Blutdruckwertes. Haben sie sich zu Geburtstagen früher den »Kleinen Johnson Weinatlas« geschenkt, überreichen sie sich neuerdings mit gefasster Miene Tilman Spenglers Leidensgeschichte seiner maladen Wirbelsäule.

Auch Volkers und Jochens Frau haben übrigens einige neue Bücher im Regal stehen. Sie tragen Titel wie »Fettarm kochen« und »Die neue Herz-Kreislauf-Diät«. Soviel ich weiß, ist der Blutdruck der beiden Gattinnen vollkommen in Ordnung. Doch selbst Ratgeber über Prostatabeschwerden und die nachlassende männliche Spermienqualität werden vor allem von Frauen gekauft, bestätigt mein Buchhändler. Vielleicht ist das der Hauptgrund, warum Männer meinen, keinen Arzt zu brauchen: sie haben ja Frauen. Frauen wie meine Mutter, die früher zwei Stunden im Wartezimmer »absaß« für meinen Vater, damit der ohne Wartezeit direkt drankam – und notfalls auch an seiner Stelle hinging, die Symptome schilderte und das Rezept entgegennahm. Frauen wie mich, die spontan zur Lazarettschwester werden, wenn Mann oder Sohn anfangen zu husten, die sofort kalte Wickel schwingen und Echinacin verabreichen. Was brauchen die Jungs da noch einen Arzt?

Neulich bei Car Wash war es übrigens genauso. Also, umgekehrt. Die netten Männer hatten nicht nur Zeit für die Gesundheitsförderung ihres eigenen Wagens, sie gaben mir sogar fürsorglich Tipps für die Pflege meiner Mercedes A-Klasse: »Nehmen Sie Hartwachs, das braucht er jetzt nach dem Sauwetter.« So ist das: Frauen warten ihre Körper – und ihre Männer gleich mit. Männer warten ihre Autos – und die Autos ihrer Frauen gleich mit.

Lies mal!
Der Mann verschickt gerne Rund-Mails

Das ist aber eine nette Nachricht nach den Weihnachtsferien. »Sie haben Post«, flötet Herr T-Online und behauptet, 28 neue E-Mails seit den Feiertagen gesammelt zu haben. Ach, es ist schön, Freunde zu haben.

Der erste Frust: Die 28 Mails sind in Wahrheit 20, der Rest sind Anhänge: Digitale Weihnachtskarten, dreimal das Modell »Snowman Kit«, viermal »Jingle Bells«. Und ein Gesamtkunstwerk mit Papstkarikatur, dessen 1,5 Megabyte sage und schreibe zehn Minuten brauchen, um geladen zu werden – das kommt von einem Politiker der Grünen, der wahrscheinlich Papiermüll vermeiden wollte.

Der zweite Frust: Fünf weitere sind Rundmails zum neuen Jahr. Von Absendern, an deren Namen man sich nur mit Mühe erinnern kann. Wie, bitte, bin ich jemals auf die E-Mail-Liste jener Leipziger Filmerin geraten, die ihr Horoskop für 2003 kundtut? Und was geht mich das an, dass die frisch verliebt ist? Und warum stehen da 83 Namen oben drüber, so dass meiner zwischen Müller und Pollmann vollkommen untergeht? Ach, es muss schön sein, Freunde zu haben.

Frust Nummer drei aber ist definitiv der größte. Vier Mails haben ein kleines »fwd« im Betreff, für »forward«.

Die sind gar nicht für mich. Die hat ein anderer einem anderen gemailt, und der beglückt mich mit einer Kopie. Ich meine nicht nur jenen Kettenbrief gegen die Knechtung der Frau in Afghanistan und die Menschenrechte im Kossovo – der kursiert im Freundinnenkreis seit zwei Jahren, und noch immer hat niemand bemerkt, dass man Kosovo nicht mit zwei s schreibt. Ich meine höchst privates Geturtel zwischen meinem Kollegen Markus und seiner Studienfreundin Martina, die sich einen kleinen Schlagabtausch über die Originalität ihrer Homepages liefern. Das leitet der ernsthaft an mich weiter mit der charmanten Anmerkung: »Damit du was zu lachen hast.« In Wahrheit meint er: »Damit du siehst, was bei mir abgeht im Netz.«

Kann richtig teuer werden, diese Unsitte. So wie bei Brad, einem jungen Londoner Anwalt, der im Dezember eine explizite Sex-Mail seiner Geliebten Claire an sechs männliche Kumpels weiterleitete mit der Anmerkung: »Ist das nicht ein nettes Kompliment von einem Mädchen?« Claire hatte – was sonst? – die Wonnen des Oralsex gepriesen, andere Spielarten scheinen im angloamerikanischen Liebesraum ja keinen aufzuregen.

Jene Mail hingegen fanden die jungen Anwälte und Börsianer so aufregend, dass sie innerhalb einer Woche nicht nur in der Londoner Finanzwelt, sondern rund um den Globus kursierte, mit immer neuen Anmerkungen: »What a great chick« und »Boys you're going to love it«. Auf irgendeiner E-Mail-Liste stand ein Journalist, der veröffentlichte das Sexgeplauder in einer englischen Boulevardzeitung. Folge: Brad und Claire mussten ihre

Wohnungen verlassen, auf der Flucht vor Paparazzi. Und Brads Arbeitgeber, die angesehene Anwaltskanzlei Norton Rose, droht gleich fünf ihrer hoffnungsvollen jungen Anwälte mit Verfahren wegen Missbrauch des Dienstcomputers.

Was sagt uns das? Viel über Männer. In den 50er-Jahren haben sie Nacktfotos ihrer Gattin (oder wenigstens Strandfotos im Bikini) beim Herrenabend rumgereicht. In den 90ern werden Geburtsvideos (»Das drehe ich nur für Max, damit er später alles sehen kann«) heimlich in der Vätergruppe vorgeführt. Und im Jahr 2003 werden privat gemeinte Sexbeichten auf den E-Mail-Verteiler gesetzt. Es muss schön sein, eine geile Geliebte zu haben.

Es sagt noch mehr über den Tod aller Medientheorien. Dass »jeder Empfänger ein potenzieller Sender« werde, erträumte Bertolt Brecht in den 20er-Jahren in seiner »Radiotheorie«. Und der Albtraum wurde wahr: Jeder Trottel hat eine Homepage, jeder Computerbesitzer verschickt nichtsnutzige E-Mails »an alle« – ersatzweise Rund-SMS per Handy – und wird zum »Distributionsapparat«, von dem Brecht einst träumte. Für die Demokratie ist dabei nichts gewonnen, im Gegenteil: Die Herrschaftsmedien alter Machart konnte man wenigstens abbestellen.

Das versuchen inzwischen übrigens große Firmen, die durch die E-Mail-Flut ernsthafte wirtschaftliche Einbußen fürchten: Das Lesen der Mails verbraucht einfach zu viel kostbare Arbeitszeit. Zwei von drei E-Mails sind unerwünscht, schätzt der Verband der deutschen Internet-

Wirtschaft. Geschätzter Schaden in Europa: Zehn Milliarden Euro. Bei Nestlé in York haben sie den E-Mail-freien Freitag eingeführt.

Die Unsitte lehrt uns übrigens, drittens, dass die bekanntlich kleine Welt auf ein noch mieseres Kaff mit perfekter sozialer Kontrolle zusammenschrumpft. Der Mathematiker Walter Krämer wies bereits im Prä-Internet-Zeitalter nach, dass jeder Mensch 1000 Bekannte hat: Freunde, Lehrer, Bäcker, Ärzte. Daraus ergibt sich durch komplizierte Rechnung, die von 80 Millionen Deutschen ausgeht, dass eine zufällige Bekanntschaft im Speisewagen des ICE mit einer Wahrscheinlichkeit von 71 Prozent einen kennt, den man auch kennt. Auf die Welt des Cyberspace übertragen heißt das doch: Jeder könnte 1000 Namen auf seine fulminanten E-Mail-Listen setzen. Schickt er vertrauensvolle Mitteilungen rund, kann er eigentlich genauso gut bei Vera auf SAT 1 auftreten.

Letzte Meldung: Von den 28 elektronischen Briefen zum Neuen Jahr waren tatsächlich sechs echte. Zwei teilten eine neue E-Mail-Adresse mit, einer warnte vor einem neuen Virus, einer bot billig eine Secondhand-Lampe zum Verkauf. Und zwei wollten tatsächlich nur mir zum Neuen Jahr gratulieren. Danke Biggi, danke Matthias – es ist schön, echte Freunde zu haben.

Schimmel kann rosa sein
Der Mann spült nicht gerne

Als Frau in einem gemischten Büro zu arbeiten bringt jede Menge neue Erkenntnisse und bunte Lebenserfahrungen. Die farbigste in meinem Journalistenbüro ist rosarot und hellblau. Ehrlich, ich wusste es nicht, dass Schimmel auch rosa sein kann und dass er auf Kaffeeresten wächst. Ich gebe zu, das ist eklig zu lesen und übrigens noch ekliger zu spülen. Die magenschonende Version der Geschichte ist: In unserem Büro spülen Männer keine Bürotassen ab.

Dabei sind wir eigentlich ein fortschrittliches Büro. Der eine Mann war früher sogar in einer Männergruppe. Aber er hat eine gemeine Hautkrankheit, die ihm verbietet, seine Hände mit Spülwasser in Verbindung zu bringen. Der andere ist geborener Junggeselle und hervorragender Hobbykoch. Aber genauso gedankenlos wie er sich seine Rothhändle in meinem Nichtraucherzimmer anzündet, nimmt er für jeden Kaffee eine neue Tasse aus dem Regal. Hat was ganz Liebenswertes, jungenhaft Verträumtes. Aber verbraucht enorm viele Tassen.

Also: Wer spült? Meistens meine Kollegin Birgit, die schon aus ihrer Berliner Wohngemeinschafts-Zeit einen gewissen Basis-Frust mit ins Büro brachte. »Ich werfe jetzt alle schmutzigen Tassen weg«, droht sie ungefähr einmal pro Monat, »künftig gibt's hier nur noch Plastikbecher.« Natürlich hat sie selber keine Lust, den guten Kaffee aus dem ollen Plastik zu trinken, also spült sie. Oder ich. Oder Karin.

Die zweite Variante wäre eine Spülmaschine – die hat in unserer kleinen Büroküche keinen Platz. Die dritte wäre die personalisierte Tasse: die Sendung-mit-der-Maus-Tasse für Günther, die Ikea-Tasse für Markus, den Expo-Becher für Ulla. Alles schon probiert. Es setzt der alt bekannte Wohngemeinschafts-Effekt ein: Man konnte noch so oft die Regale im Kühlschrank zuweisen, bei Heißhungeranfällen aß die Zimmernachbarin gnadenlos die Fruchtjoghurts weg. So ist es jetzt auch im Büro: Je größer die Koffein-Entzugserscheinungen, desto gnadenloser der Egoismus. Her mit der Ikea-Maus-Expo-Tasse, Hauptsache schnelle Dröhnung.

Zum Glück gibt es neuerdings eine Flut von Gebrauchsanweisungen für das Mysterium Mann. Eine davon, »Männer – eine Spezies wird besichtigt« von Dietrich Schwanitz, erklärt die männliche Spülmuffeligkeit mehr oder weniger anthropologisch: Männer hassen alle wiederkehrenden, sisyphushaften Arbeiten. »Der Mann will immer ein Held sein, er liebt das Ereignishafte, die große Tat.«

Da ist was dran. Geht es zum Beispiel darum, im Büro eine neue ISDN-Anlage zu installieren, laufen die Jungs zur Hochform auf. Eine Konferenz jagt die andere, das Büro ist stundenlang lahm gelegt, weil keine Telefonleitung mehr funktioniert, analog, digital, scheißegal. Ja, das ist wahrhaftig »ereignishaft«. Und verbraucht übrigens, bis so eine ISDN-Anlage funktioniert, wieder ganz schön viele Kaffeetassen. Die keiner spült.

Schwanitz belässt es nicht bei der Analyse. Wolle die Frau den Mann zur Hausarbeit erziehen, doziert er, gelte es die männliche Psyche zu berücksichtigen: er soll die Illusion haben, sein Einsatz habe etwas Einzigartiges, ungeheuer Innovatives. Eine neue Putzmethode, ein neues Spülmittel. »Bewundern Sie seine Innovationen, wenn sie nicht direkt katastrophal sind.«

Ich habe es probiert. Mein Kollege Günther, der Träumer, kam letzten Freitag auf eine geniale Idee: Er stapelte sämtliche Bürotassen – und es sind trotz Birgits Drohung immer noch an die 20 – im Spülbecken, weichte sie mit kochendem Wasser ein und kippte reichlich Froschreiniger drauf. »Sieht interessant aus«, sagte ich höflich und verkniff mir meine Bedenken, dass eventuell der untere Teil des Geschirrs nicht ausreichend in Berührung käme mit dem Spülmittel.

Als ich am Montag früh ins Büro kam, war der Geschirrhaufen noch immer im Spülbecken, das Wasser allerdings übers Wochenende abgelaufen. Günther hatte über dem intensiven Einweichen tatsächlich vergessen, den eigentlichen Spülvorgang durchzuführen. Seither weiß ich übrigens, dass es auch rosa Schimmel gibt. Und dass männliche Innovationen im Büro doch direkt katastrophal sind.

Keine Feier ohne Meier
Der Mann hat nur noch selten Jubiläum

Bin nächste Woche zu einer Silbernen Hochzeit eingeladen. Meine Freunde Dieter, Dorle und Klaus sind zusammen 25 Jahre verheiratet.

Wie kann das sein? Keine Sorge, es handelt sich um keine Kreuz-und-Quer-Familie aus Schwulen, Lesben oder anderen sexuellen Minderheiten, sondern um ganz anständige serielle Monogamie: Dorle war zwölf Jahre mit Klaus verheiratet, zwei Tage nach der Scheidung heiratete sie Dieter. Und alles zusammen gibt 25 Jahre und Grund für eine fette Party. Wie sonst, fragt mein Freund Dieter, soll der moderne, vollmobile Mensch auf seine wohlverdienten Jubiläums-Rituale kommen?

Erst jetzt fällt mir auf: Die kleinen Randspalten-Meldungen im Lokalteil der Tageszeitung sind seltener geworden. Zwar gibt es haufenweise 90. und 100. Geburtstage, zu denen ein armer Zeitungsvolontär losgeschickt wird, um anschließend den »Textbaustein F1« ins Blatt zu heben: »Im Kreise ihrer Familie feierte die rüstige Jubilarin ...«

An der Lebenserwartung kann es also nicht liegen, dass es weniger Goldene Hochzeiten gibt – und auch weniger 25-, 40-, 50-jährige Dienstjubiläen. Sondern, logisch, an der Diskontinuität der Lebensläufe. Zu Deutsch:

Wenn die durchschnittliche deutsche Ehe nur noch 4,5 Jahre hält, gibt es weniger Silberne, Goldene und Diamantene Hochzeiten. Und wenn der Arbeitnehmer der Zukunft alle fünf Jahre die Firma wechselt, beziehungsweise sein Unternehmen sich alle zehn Jahre von Avanti zu Avenza zu Avisa mergert und mendelt oder überhaupt Pleite macht, wird es irgendwann dünn mit den Jubiläen.

Schlechte Zeiten für meinen Metzger Schlüter auf der Severinstraße, der immer noch diese klassischen Geschenkkörbe im Schaufenster stehen hat. Mit roter Schleife und Schinkenwurst in der Dose und Salami am Ring und einer silbern umkränzten Fünfundzwanzig. Schlechte Zeiten auch für die Vermietung von Nebenräumen in Cafés und Kneipen.

Rettung naht wie so oft von unseren türkischen Mitbürgern. Deren Ehen halten erstens länger. Und zweitens feiern sie bei Ford und Daimler gerade reihenweise ihr 40-jähriges Betriebsjubiläum. Einmal angeworben, sind sie den Automobilbauern treu geblieben, wurden auch in Treue gehalten mit Betriebsrente und Belegschaftsaktien. Für Metzger Schlüter sind sie zwar keine Zielgruppe, zumindest nicht für die Schinkenwurst. Mit Nebenräumen geben sie sich auch nicht zufrieden, eine türkische Fete füllt locker die Mehrzweckhalle in Bonn-Troisdorf. Aber für die Lokalzeitung werden sie wohl eine Meldung plus Foto hergeben.

Für alle anderen und vor allem für die kommende Generation, die es weder beim selben Ehegatten noch bei der selben Firma noch beim selben Alpenverein ein Leben lang aushält, bleibt nur eine Lösung: Die Fristen müssen verkürzt werden. Silberhochzeit wird nach zehn Jahren gefeiert. Dienstjubiläum nach fünf Jahren, in der Multimediabranche eventuell schon noch sechs Monaten. Und die goldene Wandernadel des Deutschen Alpenvereins wird bereits bei der Erstbesteigung des Brocken verliehen.

Nicht ohne mein Stativ! Der Mann zieht um

Warum ziehen bloß alle immerzu um? Oder fällt es nur auf, weil uns allen inzwischen dermaßen der Rücken wehtut, dass wir uns außer Stande sehen, überpackte Bücherkartons in den vierten Stock des frisch renovierten Altbaus ohne Aufzug zu wuchten?

Nein, man kann es bestimmt statistisch belegen. Während meine Eltern seit 35 Jahren im selben Haus wohnen, ziehen meine Freunde permanent um. Was bestimmt damit zusammenhängt, dass meine Eltern seit 45 Jahren verheiratet sind, meine Freunde aber sich permanent trennen und scheiden lassen, alle paar Jahre ein neues Leben beginnen und angeblich den Umzug als Riesenchance sehen, ihre Vergangenheit zu entrümpeln. Raus mit dem spießigen Sofa, typisch für die Ex, die hatte wirklich null Geschmack. Bloß weg mit diesem Monster-Ventilator, den hatte er nach einem gemeinsamen Tropen-Urlaub angeschafft, aber ernsthaft, wann wird es in Köln so heiß wie in Kuba?

Und doch: etwas bleibt. Selbst bei den durch Scheidung komplett verarmten Männern meines Bekanntenkreises, selbst bei denen, die zwangsläufig vom Einfamilienhaus in die winzige Zweizimmer-Wohnung ziehen. Ein minimales Rüstzeug der Männlichkeit muss jedes

Mal wieder mit umgezogen werden, auch wenn es doch nur im Kellerverschlag vor sich hingammelt.

Da wäre erstens: das Fotostativ. Wie vielen Männern habe ich schon diese merkwürdigen, tonnenschweren Stative die Treppen rauf und runtergeschleppt. Noch nie habe ich gesehen, dass es einer wirklich benutzt. Es liegt in den Männerkellern gerne neben den Plastikwannen mit 20 Jahre alter giftiger Entwickler-Flüssigkeit. Alles hochsympathische Reliquien einer Jungs-Adoleszenz. Inzwischen sind sie alle Lehrer, Journalisten, Berater, knipsen mit ihren digitalen Kameras, lassen übers Internet entwickeln oder beim Drogeriemarkt. Aber das alte Fotozubehör, das darf nicht weggeschmissen werden.

Ähnlich verhält es sich mit Briefmarken-Alben. Hat man schon mal einen ausgewachsenen Lehrer, Journalisten, Berater gesehen, der noch Zeit hat, seine alten Sammleralben zu komplettieren? Zumal nach kaputter Ehe, mit komplizierter Kinder-Besuchsregelung und anstrengendem Job? Verkauf den Scheiß, sag ich, aber ich weiß schon: Ist heilig. Muss wieder in den Keller. Also verpack ich die Schätzchen in Umzugskartons.

Eine gewisse Variationsbreite gibt es bei den Sportgeräten. Der eine hat eine komplette Höhlenkletterausrüstung im Keller, samt Grubenlicht und Karabinerhaken. Der andere hat sich vor 30 Jahren alles fürs Wildwasserkajak zugelegt, Spritzdecken, Tonnen und Sturzhelme. Der dritte scheint mal Taucher gewesen zu sein, in seinem Keller stapeln sich Flossen, Masken, Tiefenmesser und schweres Neopren.

Alle haben inzwischen entweder den dritten Bandscheibenvorfall oder den zweiten Tinnitus hinter sich. Die Tauchpartnerin ist ihnen durch widrige Lebensumstände abhanden gekommen. Fürs Wildwasserkajak sind sie längst zu kurzsichtig, zu kurzatmig oder zu bequem geworden. Und für die hautengen Kajak-, Tauch- und Höhlenoutfits sind sie sowieso zu fett. Ist ja in Ordnung. Aber warum kann der Krempel dann nicht in die Tonne?

Weil auch im kleinsten Mietwohnungskellerverschlag Platz bleiben muss für die Illusion, die Jugend komme nochmal wieder. Oder sei noch gar nicht vorbei. Manche Männer brauchen dafür eine 20-jährige Geliebte. Andere nur eine Fotowanne und eine Kletterausrüstung. Okay, Olaf, nächsten Samstag beim Umzug helfen? Ich bin dabei.

Sorry, dumm gelaufen
Der Mann entschuldigt sich gern

Joschka Fischer hat es getan, der Papst und Linda de Mol. Joschka Fischer beim verprügelten Polizisten, der Papst bei den Orthodoxen und Linda de Mol bei allen Deutschen (für die Verunglimpfung der Nationalhymne).

Und die PDS hat sich innerhalb von vier Wochen gleich dreimal öffentlich entschuldigt: für den Zusammenschluss der KPD mit der SPD, für den Mauerbau und für eine Internetseite. Entschuldigen scheint des modernen Menschen liebster Quickie zu sein. Entschuldigen kostet nix, haben meine Eltern früher gesagt. Wenn es nichts kostet, dann ist es auch nichts wert, oder? Man nehme nur die Internet-Entschuldigung der PDS: Da wurde Edmund Stoiber mit Adolf Hitler verglichen. Typisch für die postmoderne Sorry-Society: Man denke sich eine geschmacklose öffentliche Äußerung aus – eine Werbung, eine Homepage, eine Rede. Man vergleicht Friedrich Merz mit den Skinheads, Wolfgang Thierse mit Goebbels oder dichtet Gerhard Schröder eine Affäre an. Kaum regen sich alle erwartungsgemäß auf, folgt das rituelle: »Tschuldigung, war nicht so gemeint«. Will heißen: »War genauso gemeint, stellt euch nicht so an.« Man sieht sie regelrecht vor sich, die PR-Fritzen in den Parteizentralen und Agenturen. Merkel mit Cabrio-Frisur? Geht das? Ach, wenn sie sich aufregt, können wir uns immer noch entschuldigen. Dann gibts gratis noch mal Presse.

Besonders en vogue ist die Light-Variante der Entschuldigung, das hingerotzte »Sorry«. Sorry, sagt der Dreitagebart im Supermarkt, der mir um 18.23 die letzte Milchpackung vor der Nase wegschnappt, weil ich mit zwei schreienden Kindern im Nahkampf am Frischeregal nur zweiter Sieger wurde. Er meint nicht etwa, dass es ihm Leid tut, nein – dann könnte er mir ja seine Trophäe großherzig in meinen Einkaufswagen legen. Was er meint, ist: Dumm gelaufen.

Wer diese Billig-Variante von Entschuldigung am schnellsten durchschaut hat, sind die Kinder. »Entschuldigen wirkt Wunder« empfehlen die Psychotherapeuten Martha und William Pieper in ihrem Buch »Smart Love«. Den Trick kapieren die smarten Kleinen aber subito. »Ich hab doch Entschuldigung gesagt«, ist Leos Standardsatz, wenn wir ihn für fortgesetzte Folter an seinem Bruder-Baby Oskar maßregeln wollen.

Ich will ja nicht bestreiten, dass es Gesten echter Reue gibt. Willy Brandts Kniefall in Warschau 1970. Johannes Raus »Verneigung vor den Ermordeten, die keine Gräber mehr haben, an denen ich sie um Vergebung bitten könnte«, in der Knesset im Februar 2000. Wladimir Putins öffentliche Reue im Fernsehen: Er bat die Angehörigen der toten Geiseln von Moskau um »Vergebung«. Um glaubwürdig zu sein, müsse der Entschuldiger sich »selbst erniedrigen«, fordert der Philosoph Hermann Lübbe. Aber leider fehle es dem modernen Menschen oft an »ritenpraktischer Absicherung«.

Solange es keinen Sorry-Knigge für echte und geheuchelte Entschuldigungen gibt, freue ich mich vorerst über jeden Nicht-Entschuldiger. Silvio Berlusconi legt Wert darauf, dass er sich eben nicht beim deutschen Europa-Parlamentarier Martin Schulz dafür entschuldigt habe, dass er ihn einen KZ-Aufseher nannte. Im Gegenteil, er wolle das noch mal »unterstreichen«. Mille grazie für diesen Klartext, Herr Berlusconi. Und der Bombenleger von Oklahoma will auch nicht sorry sagen. »Jede Entschuldigung wäre eine Lüge.« Recht hat er. Und bitte kein Sorry von den Attentätern des 11. September. Am Ende müssten die Familien der Toten ihnen auch noch vergeben.

So ist die Frau

Fuck the pain away!
Die Frau hat Migräne

Macht keinen richtigen Spaß, über Lucky-Strike-Werbung zu motzen, weil: die ist ja gut gemacht. Aber dieses eine Motiv war leider stilbildend und saublöd. »Meckert nicht, hat nie Kopfschmerzen und sieht auch noch gut aus.« O. k., o. k., ist lustig, denn der Klartext wär echt nicht mehr politisch korrekt: Doofe Frauen meckern, sind hässlich und drücken sich vorm Sex.

Kaum warn die Luckys aus dem Werbefenster vor meinem Büro verschwunden, kamen schon die Moods (das sind Zigarillos). »Die idealen Beifahrer«, steht da, »riechen gut und quatschen nicht.« Und jetzt auch noch American Express: »Zahlt, ist allzeit bereit und hält die Klappe.«

Wir fassen, für Doofe, zusammen: Coole Frauen (oder fühlt sich hier irgendein Kerl angesprochen?) sehn gut aus, riechen gut, quatschen nicht, wollen immerzu Sex, sitzen allerdings immer noch auf dem Beifahrersitz statt am Steuer, und für das ganze Programm zahlen sie auch noch selber. Oje.

Zwei Obsessionen scheinen den deutschen Werber zu beherrschen: Frauen quatschen andauernd. Und wenn's ins Bett gehn soll, täuschen sie Migräne vor. Da dies intellektuell ungefähr dem Stammtisch der 60er-Jahre entspricht – »Halt die Klappe, und mach die Beine breit« –, anbei ein paar hilfreiche Hinweise einer Sachverständigen, die Migräne hat und ziemlich viel redet.

Erstens hat jüngsten Studien zufolge vor allem der männliche Teil der Bevölkerung ein kleines Problem. Hat auch mit Luckys, Moods und sonstigem Nikotin zu tun, manchmal auch mit Frauen, die eigene Kreditkarten haben. Wo sind sie denn, die Kerle, die allzeit bereit sind?

Zweitens ist Migräne ein zeitloser, aber irgendwie vorgestriger Vorwand, den Sex zu verweigern. »Ich hab Migräne, weil ich mich sehne«, trällerte einst Ireen Sheer und bestätigte das ländläufige Vorurteil, Frauen täuschten gerne Migräne vor, um sich vor dem Geschlechtsverkehr zu drücken. Das, liebe Grand Prix Gemeinde, ist jetzt aber gut und gerne 30 Jahre her. Der Viva-User von heute lauscht der Pop-Ikone Peaches und deren Bestseller-Hit »Fuck the pain away«.

Außerdem kennt die Frau von heute einfachere Strategien, das Ding mit dem Sex zu vermeiden. Es reicht bei den meisten Männern ja schon, auf Kondomen zu bestehen oder seine Menstruation zu bekommen. Bei Migräne hingegen, das empfiehlt mittlerweile jeder Patientenratgeber, ist Sex eines der probatesten Mittel zur Schmerzlinderung. Fördert die Durchblutung, ja, auch die im Hirn.

Drittens, apropos Hirn: Dass Frauen mehr reden als Männer, ist wohl wahr. Da nur ein Teil des weiblichen Redeflusses in Call-Center und Talkshows kanalisiert werden kann, landet der andere Teil tatsächlich in der zwischenmenschlichen Beziehung. Manche Frauen reden sogar im Bett, manche sogar mehr als »Oh oh, ah ah«. Doof, wenn ihm dann nicht mehr einfällt als »War ich gut?«.

Das wär ne Werbung für Frauen: »Kann immer, beherrscht vollständige Sätze und schläft hinterher nicht gleich ein.« Sind sie wieder nicht draufgekommen, die Werber.

Wahnsinn mit Methode
Die Frau leitet ein Seminar

Jeder Mensch reagiert auf andere Schlüsselreize, die sofortigen Fluchtreflex auslösen. Mein persönliches Frühwarnsystem fängt an zu blinken, wenn ich einen Raum betrete, in dem ein metallener Moderationskoffer aufgeklappt dasteht, worin Metaplan-Kärtchen in sechs verschiedenen Farben stecken, daneben rote und schwarze Klebepunkte und Pinnwand-Nägel in allen Größen. Wenn dann noch eine diplomierte, aber offenbar beschäftigungslose Pädagogin mit Doppelnamen vor einem Flipchart steht, bewaffnet mit drei verschiedenfarbigen Edding-Stiften, dann weiß ich: Auch heute, bei dieser Veranstaltung, werde ich mich wieder ungeheuer einbringen müssen. Und am Ende des Tages werde ich mich wieder fragen: so what?

Oder was würden Sie erwarten von einem Seminar zum Thema »Frauen in Europa«? Ich nahm an, dass die hoch bezahlte Referentin aktuelle Zahlen parat hätte. Wie viele Französinnen haben Kinder, wie viele Frauen sitzen im schwedischen Parlament, wie viele Polinnen treiben ab, wie viele englische Mütter sind berufstätig?

Doch bis zum Mittagessen sollte ich nichts anderes als dieses erfahren: dass die Kollegin von der Deutschen Welle sich von diesem Tag »aktuelle Infos zum Thema

Networking« erwartet, während die vom »Generalanzeiger« alles über das Thema »gender mainstreaming« wissen will. Wie die Wilden hatten wir unsere roten Klebepunkte an verschiedene Schlagwörter gepappt, deren Bedeutung mir bis zum Nachtisch verborgen blieb. Ich fuhr dann ins Büro, Geld verdienen.

Noch schlimmer beim Pädagogischen Elternabend im Kindergarten. »Grenzen setzen« hieß das Thema, und alle kamen. Der moderne Mensch will sein Kind nicht verprügeln, möchte es aber trotzdem ab und zu davon abhalten, den Spinat durchs Zimmer zu spucken. Aber wie? Bereit saß eine Pädagogin, in der Mitte der folterkleinen Kindergartenstühle hatte sie ein Seidentuch und eine Kerze drapiert. Achtung, Frühwarnsystem!

Und tatsächlich: Als Erstes wollte die Dame von jedem Elternteil wissen, wie sein Tag so verlaufen war und in welcher Verfasung er und sie hierher gekommen war. Bis Inge vom Stress mit ihrem Bürokollegen berichtet hatte und Mark von der Reifenpanne an seinem Fahrradanhänger, war der halbe Abend um. Die andere Hälfte bestritten wir Eltern mit dem Aufnotieren unserer Fragen auf bunte Kärtchen, die dann munter unter bestimmte Themen an der Moderationswand hin und her gruppiert wurden. »Wie gewöhne ich meinem Kind Fäkalsprache ab?« Ist das eher ein »Ziel« oder eher eine »Methode«? Als die Fragen sortiert waren – Moderationsprofis nennen das »Clustern« –, war der Abend um und alle Fragen offen. Wir alle stiegen auf unsere Fahrräder, die eine oder andere Fäkalsprache vor uns hin murmelnd, unseren unbegrenzt kackfrechen Kindern entgegen.

Inzwischen habe ich selbst ein Moderationsseminar besucht und weiß: Die Kärtchen dienen dazu, alle »Teilnehmer« zu »aktivieren«. Dabei werde ich mit jedem Tag in pädagogischer Hinsicht altmodischer: Ich bezahle für den Kurs, und die Lehrkraft da vorne am Pult soll mir was erzählen. Wahrscheinlich habe ich ihr mit meinen Steuergeldern bereits eine Umschulung und einen Kurs in Moderationstechnik finanziert. Das reicht an Aktivität meinerseits. Jetzt will ich gefälligst was geboten kriegen.

Also, ich bin's nochmal
Die Frau redet nicht gerne mit Maschinen

Es heißt »der Anrufbeantworter«. Liebevoll heisst es auch schon mal »der AB«. Es heisst nicht »die Anrufbeantworterin«. Und das hat einen Grund.

Der Anrufbeantworter kann nämlich nur begrenzte Mengen an Text aufnehmen. Sagen wir: 30 Sekunden. Man kann ihm auch beibringen, 60 Sekunden aufzunehmen. Es ist ganz egal – selbst wenn er erst nach zwei Minuten die Aufnahme beendet. Das Problem ist immer dasselbe: Frauen mögen es einfach nicht, wenn ihr Redeschwall zeitlich begrenzt wird. Sie quasseln einfach weiter. »Drrr«, »piiiep«, scheißegal. Sie reden weiter. Und meistens rufen sie noch mal an.

Wirklich, es ist mir noch nie passiert, dass ein Mann ein zweites Mal angerufen hat, nur um ein zweites Mal zu sagen, dass er später noch mal anrufen wird, dass aber, huch, gerade beim ersten Anruf die Aufnahmezeit auf dem Band nicht gereicht hat, und er wolle nur sagen, dass »drr«, »piiiep«. Nein, das machen nur Frauen, die auch noch nicht mitbekommen haben, dass es kein Band mehr gibt auf dem AB, sondern einen Chip.

An mangelnder Intelligenz kann es nicht liegen. Jede Frau, die heutzutage im Geschäftsleben steht, ist vertraut mit der Bedienung eines Anrufbeantworters. Eine Kulturtechnik wie das Bedienen des Handtrockners auf dem Damenklo oder des Parkscheinautomaten in der City. Sie weiß: Da ist eine Maschine, kein Mensch.

Und trotzdem gibt es massenhaft Frauen, die ganze Kurzgeschichten und Alltagsdramen versuchen, auf einen armen kleinen AB zu sprechen. Und das nicht etwa in der Kurzform, die der Maschine angemessen wäre. Sie sagen nicht: »Hallo, hier ist Sabine, ich bin heute krankgeschrieben, kannst du mir Arznei aus der Apotheke holen?« Nein, sie sagen: »Hallo, ich bins. Wo bist du denn schon wieder? Schade, weil ich wollte dich was fragen, mir gehts überhaupt nicht gut, das hätte ich dir jetzt lieber direkt am Telefon erzählt, ist ja blöd so auf dem AB, also meinst du drrr piiiep.« Sie rufen ein zweites Mal an: »Ach, es ist aber auch schwer, dich zu erreichen. Also ich bins nochmal, die Sabine, und es ist jetzt echt blöd, dass du nicht da bist drrr piiiep.« So geht das gut und gerne drei, vier Mal.

Ich glaube, zwei Dinge sind ursächlich für die natürliche Feindschaft zwischen Frau und Anrufbeantworter. Zum einen der weibliche Rededrang, der sich ungern begrenzen lässt durch eine kalte männliche Maschine. 23000 Wörter sagen Frauen im Durchschnitt pro Tag, hat die Berliner Psychologin Constanze Fakih gezählt. Männer kommen mit der Hälfte aus. Kein Wunder, dass auch der Anteil, der auf Anrufbeantworter-Chips landet, geschlechtsspezifisch größer ist.

Zum andern akzeptieren Frauen einfach nicht, dass sie mit einem Computer sprechen. Sie geben sich hartnäckig der Illusion hin, dass es doch ein Mensch aus Fleisch und

Blut ist, mit dem sie da reden. Dem sie zumindest den Vorwurf machen können, dass der andere Mensch aus Fleisch und Blut, den sie eigentlich sprechen wollten, nicht körperlich anwesen ist. Gemein!

Wie sonst ließe sich erklären, dass Frauen auch beim Besprechen ihres eigenen AB jegliche Geschäftsmäßigkeit ablehnen. Da ruft man gestandene Kolleginnen an, und statt einer kurzen knappen Ansage macht es erst mal »Uääääh«. »Das war Sarah«, sagt dann die Stimme der Kollegin, und dann »Sarah, sag mal Bär«. »Bääääh« blökt es weiter, und das kleine Hörspiel zieht sich noch zirka 20 Sekunden und drei Telekom-Einheiten hin, bis man endlich die Nachricht hinterlassen kann, dass heute Abend der Journalistinnen-Stammtisch ausfällt.

Ein Wunder, dass die Anrufbeantworter-Industrie darauf noch nicht reagiert hat. Wäre ich Frau Philips oder Misses Sanyo, hätte ich längst Anrufbeantworter in Rosa und Lila produziert, mit weichen Formen und abgerundeten Ecken. Und mit Bedienungsknöpfen, die dem Kindchenschema gerecht werden und aussehen wie Augen, Nase und Mund.

Fremde Heilungsriten
Die Frau wird im Urlaub immer krank

Der Urlaub, so steht es in den meisten deutschen Arbeitsverträgen, dient der Erholung und der Wiederherstellung der Arbeitskraft. Ich mache irgendwas falsch, denn ich werde im Urlaub grundsätzlich krank. Meine Freundin Ulrike sagt, ich trage Konflikte über meinen Körper aus. Sie könnte auch gleich sagen, dass sie mich für einen Hypochonder hält. Die Wahrheit ist: Nichts bildet auf Reisen mehr als ausländische Notfall-Ambulanzen. Ein schwer zu überbietender Einblick in die Seele eines Landes und in die Körper seiner Bewohner. Da mögen die Spanier dieselben Sommerhits hören wie die Polen, die Franzosen am Strand dieselben Pommes und Burger essen wie die Amis – aber im Gesundheitssystem haben sie überlebt, die liebenswerten nationalen Eigenschaften.

Gerne denke ich an jene Notfall-Ambulanz in Guatemala City, in die wir uns mit schwerem Durchfall schleppten. Amöbenruhr. Dagegen gibt es ein exzellentes Medikament, das allerdings an jenem Tag in der Hauptstadt ausverkauft war. »Sie fliegen ja morgen zurück«, tröstete der nette, perfekt englisch sprechende Arzt, »in Deutschland werden Sie das Mittel bekommen.«

Und was machen Tausende von Latinos gegen die lästigen Durchfälle? »Gute Frage, Señora«, lobte der Doktor, »Durchfall ist bei uns Todesursache Nummer eins.« Ich brauche seither keine sozialwissenschaftlichen Artikel mehr über Globalisierung und Armutsgefälle zwischen Nord und Süd.

Das Kontrastprogramm war meine USA-Reise. Ich hatte einen harmlosen Pilz und ging, wie Touristen das gerne tun, wiederum in eine Poliklinik. Die Arzthelferinnen, die in ihren gestreiften Uniformen mit Häubchen aussahen wie bei Mc Donald's, fragten mich nach meiner Kreditkarte, meiner ethnischen Herkunft und meiner Religion. Obwohl ich mich als weiße, protestantische Besitzerin einer Visa-Karte bekannte, mit keinen besonderen sittlichen Empfindlichkeiten, bekam ich eine weiße Papierdecke überreicht, mit der ich meine Scham zu bedecken hatte. Darin war ein Loch ausgespart, das mich an Fotos aus den Frühzeiten der deutschen Gynäkologie erinnerte, als männliche Ärzte den Frauenleib nur unter schamhaften weißen Decken behandelten.

Erstaunlich übrigens, welch multiple Diagnosen der winzige Einblick in meinen Unterleib ermöglichte: Obwohl ich nur ein Mittel gegen einen höchst ordinären Pilz haben wollte, erfuhr ich anschließend schwarz auf weiß, dass ich weder Aids noch Gebärmutterhalskrebs habe. Dafür wurde meine Visa-Karte mit satten 500 Dollars belastet.

Recht preiswert hingegen mein jüngstes Urlaubs-Erlebnis in der Ambulanz einer südfranzösischen Uniklinik. Verdacht auf Blasenentzündung. Diesmal musste ich mich sofort nackt ausziehen. »Auch obenrum?«, fragte ich schüchtern. »Oui, Madame«, sagte der nette Assistenzarzt und reichte mir ein rosa Negligé, das entfernt an Emmanuelle aus den 70er-Jahren erinnerte, hätte ich nicht meine Strandlatschen dazu getragen. Mit dieser lächerlichen Aufmachung schritt ich quer durchs Wartezimmer der Notaufnahme, vorbei an Kopfverletzten und fiebernden Kindern, auf die Toilette. »Herzlichen Glückwunsch«, rief der junge Mediziner quer durch den Saal, als ich mit der verlangten Urinprobe wieder durch die wartenden Massen schritt, »jetzt wollen wir mal sehn, wann Madame wieder Pipi machen kann, ohne dass es wehtut.«

Dieses hautnahe Erleben einheimischer Heilungsriten kostete mich lächerliche 150 Francs, also 25 Euro. Und bestärkte mich einmal mehr in der Überzeugung, dass man für die wahren Urlaubs-Abenteuer kein Geo Special und keinen Baedeker braucht. Die ganzheitliche Erfahrung fremder Kulturen ermöglicht alleine das Auslands-Krankenschein-Heftchen der DAK.

Eine UnArt
Die Frau misshandelt die deutsche Sprache

Millionen Menschen sorgen sich um die misshandelte Kreatur. Aber wer, bitte, sorgt sich um die misshandelte Kreation? Wortschänderei an allen Ecken und Enden, je besser gemeint, desto schlimmer gemacht. GeMein! Wer solche Scheußlichkeiten produziert, gehört wie bei Asterix und Obelix mit einem Wackerstein am Knöchel im Genfer See versenkt. Oder so ähnlich.

Ganz überwiegend handelt es sich dabei um ein Frauenleiden. FrauenLeiden? Zumindest die Unsitte, mitten im Wort einen Großbuchstaben zu platzieren, da wo er nichts, aber auch gar nichts verloren hat. Das sieht einfach blöde aus und lässt sich erst recht nicht laut aussprechen. Es fing an mit dem berühmten Binnen-I, den pseudofeministischen ZuschauerInnen und LehrerInnen. Generationen von GermanistInnen haben sich daran abgearbeitet, und über der ganzen Aufregung hat offenbar niemand bemerkt, dass längst eine Landplage von Binnen-Initialen über die deutsche Sprache kam. Inzwischen gibt es an den Universitäten solche Absurditäten wie das FrauenLesben-Referat des Asta – mit der Begründung, man wolle in der Frauenszene die Lesben sichtbar machen. Natürlich gibt es keinen MännerSchwulen-Treff und keine AusländerTürken-Gruppe.

Längst hat der Virus andere Milieus infiziert. »Geld re-Giert die Welt«, war auf dem Kirchentag zu lesen, der außerdem ein »MundArtZentrum« eingerichtet hatte. Anschließend berichtete die Evangelische Kirchenzeitung auch über das Projekt ZeiTräume. Sind hier Computer-Analphabeten am Werk, die nicht wissen, wo auf der Tastatur die Abstands-Taste ist? Oder wie sonst soll man sich so Scheußlichkeiten erklären wie »KörperMachtGeschlecht« oder »FrauMachtPolitik«?

Schlimm wird es in der Schnittmenge dieser Milieus, sagen wir: feministisch-ökologisch-christlich. So war in einem Ökomagazin unlängst allen Ernstes ein Foto abgedruckt, auf dem gutmeinende Demonstranten ein Plakat in die Höhe hielten: »Mut-ivation zum BäuerInnen sein«. Die Pünktchen auf dem a waren auch noch in Klammern gesetzt, was das Textverarbeitungssystem in diesem Verlag leider nicht bewältigt und im Übrigen auch keiner aussprechen kann.

Strafverschärfend die Variante mit Klammern. »Du musst (k)ein Schwein sein« hieß ein Workshop wiederum auf dem Kirchentag und benannte damit gleich das ganze Dilemma protestantischer Unentschiedenheit: Ja, was denn nun – Schwein oder nicht Schwein? Und muss die Frage wirklich schon im Programmheft in aller Ausgewogenheit beantwortet werden? Nur noch zu toppen von dem Nachbar-Workshop: »Wi(e)der die Angst – Reise durch eine Traum(a)-Landschaft«. Da stellt sich ernsthaft die Frage nach der »Be-Deutung des Gehirns«, der die Sommerakademie in Bad Boll nachgeht. Be-kloppt oder nur Be-deppert?

Ich finde, es gibt für den Straftatbestand der Wortfolter nur zwei mildernde Umstände: einmal die Welt des Internet (im Gewerkschaftsjargon auch gern zum »Internett« verdämlicht), wo Groß- und Kleinschrift ohnehin irrelevant ist und E-Mail-Adressen aus technischen Gründen keine Abstände dulden. Zum andern die Welt der Kleinanzeigen, wo jeder Buchstabe und jedes Leerzeichen bares Geld kostet: Dann sollen sie in Esotera ihren Workshop eben »L(i)eben lernen« nennen und ihre choreografischen Wochen kurz ImPULStanz – und vom gesparten Geld einen Yogi-Tee trinken.

Aber wer »L(i)eben lernen« auch noch für einen Akt konkreter Poesie hält, dem sei ein für alle Mal gesagt: Im Klartext heißt die Chose »liegen lernen«, wie der wirklich witzige Roman eines jungen Ruhrpott-Autors namens Frank Goosen heißt. Was wiederum wirklich tröstlich ist: Die Klammern und sonstigen Wortquälereien scheinen eher eine Spezialität alternder Bildungsbürger zu sein. Die Jugend hat's lieber krass und voll konkret.

Hyänen mit Handy
Die Frau klatscht zu viel

Klatsch und Tratsch sind dem Menschen angeboren. Nicht etwa als genetischer Defekt, steht in der »Ärztlichen Praxis«, sondern als regelrechte Überlebenshilfe: Wenn unsere Vorfahren etwas Schlechtes über ihre Mitmenschen berichten konnten, erhöhten sie ihren Status und damit ihre Chance, sich fortzupflanzen, schreibt das Fachblatt unter Berufung auf den amerikanischen Psychologen Frank McAndrew vom Knox College in Illinois.

Leuchtet unmittelbar ein. Wer erstens bei der Moshammer-Beerdigung war und zweitens weiß, welcher Hamburger Chefredakteur mit welcher Berliner Fernseh-Moderatorin schläft, kann drittens beim Presseball punkten. Allerdings nur, wenn er viertens das Handwerk des Klatschens beherrscht. Und das ist verdammt gefährlich geworden. Ich sage nur ein Wort: ÜBERTRAGUNGSFEHLER! Und schon kann sich, dank der elektronischen Medien, der evolutionäre Vorteil in einen finalen Nachteil verwandeln. Vor allem Frauen, die einen Gutteil ihrer Zeit mit Lästern verbringen, tun gut daran, sich die modernen Übertragungswege ihres Handys und Internetanschlüsse genau einzuprägen.

Zum Beispiel letzten Sonntag. Ich verbummelte den

Nachmittag in der Wohnung meines alten Freundes Manfred, der überraschend ins Büro musste und das Haus verließ mit einem lockeren »Fühl dich wie zu Hause. Musst ja nicht gerade in meinen alten Fotoalben rumstöbern«. Sozusagen eine Einladung erster Güteklasse. Iiih, wie piefig, diese Hochzeitsfotos, baaah, wie peinlich, die allerliebsten Bildunterschriften. »Blättere grade in 15 Jahren Mief«, tippte ich ins Handy, »Biedermann lässt grüßen.« Wenn meine Busenfreundin Flora schon nicht an diesem Vergnügen teilhaben konnte, wollte ich sie wenigstens auf dem Laufenden halten. Senden an: Naja, klar, von wem war grade die Rede, Manfred Handy ... – nein!!! Flatter, flatter, flatter flog die Kurzmitteilung nicht etwa zu Flora, sondern direkt und ohne Umwege zu Manfred.

Es gab keine Rettung, es sei denn, ich hätte sein Handy mit der Axt zertrümmert – aber so schnell konnte ich es nicht finden. Was soll ich sagen, zumindest mit diesem Mann hat sich die Chance, mich fortzupflanzen, nicht erhöht.

Sobald ich die Geschichte Flora erzählte (vorsichtshalber per Telefon), fiel uns das Schicksal unserer gemeinsamen Freundin Sabine ein. Die war jahrelang Single, und ihre Clique reagierte höchst ungehalten, als sie plötzlich einen Lover hatte. Kleine Gemeinheiten machten per E-Mail schnell die Runde bei den Hyänen: Der soll ein stadtbekannter Abschlepper sein, mailte die eine. Die nächste machte sich gar die Mühe und gab seinen Namen ins Internet ein – siehe da, er war schon mal mit einer unappetitlichen Geld-Geschichte in der Lokalpresse aufgetaucht. So weit eine klare Bestätigung für die These der US-Psychologen: Üble Nachrede dient dazu, die Konkurrenz niederzumachen. Ganz blöd nur, dass eine aus der Single-Runde vergessen hatte, den Adressaten »Sabine« zu löschen. Seither weiß Sabine, was sie von den besten Freundinnen zu halten hat.

So richtig gesund und seelenerfrischend ist Klatsch eben nur, wenn er geheim bleibt. Das zeigt die letzte Geschichte, die meiner Ex-Kollegin Britta. Der Klassiker unter den Tratsch-Unfällen. Bei der letzten Weihnachtsfeier lästerte sie mit einer Kollegin auf dem Klo, von Kabine zu Kabine, dass die neue Geliebte des Chefs offenbar als Einzige nicht wisse, dass der Chef noch verheiratet ist. Höhö. Bloß dumm, dass die Geliebte derweil am Waschbecken stand und zuhörte. Brittas Status hat das ganz und gar nicht verbessert. Ihr wurde vom Chef wenige Wochen später gekündigt.

Gefechtsfeldlyrik
Die Frau mag keine klaren Sätze sagen

Der Anruf erreicht mich abends um halb sieben, in der Rush Hour jeder berufstätigen Mutter. Kochendes Nudelwasser aufm Herd, mit einer Hand halte ich Leo (5) davon ab, sich die Brühe übern Kopf zu gießen, auf dem anderen Arm schaukle ich Oskar (2). Das Telefon klingelt, meine Kollegin ist dran. Es geht um einen Termin für das Vorstellungsgespräch einer neuen Bewerberin. Ja klar, sag ich, mach schnell einen Vorschlag, hier ist die Hölle los. Also, sagt sie, die Neue kann nie vor zehn, weil sie ihr Kind in die Krippe bringen muss, und ihr selber passe es Donnerstag ganz schlecht wegen Studioterminen, wie es denn mit Mittwochmittag stünde. Ja klar, Mittwoch 13 Uhr, sag ich, ich muss jetzt Schluss machen, geht klar. Mittwoch, sagt die Kollegin, wär eh ganz gut, da gebe es bei unserem Vollwert-Imbiss immer asiatisches Essen und außerdem ...

Ich habe Glück, Oskar tapst auf seine Lieblingstaste am Telefon, die mit dem roten Hörer, das Gespräch ist abrupt beendet. Sonst hätte ich bestimmt noch eine Menge erfahren, dabei gab es nur eine zentrale Message dieses Telefonats: Wir gehen Mittwoch um 13 Uhr mit der Bewerberin essen.

Warum nur ist es manchmal so umständlich, mit Frauen

zu kommunizieren? Weil wir so gerne »Gesprächsarbeit« leisten, wie die Linguistin Senta Trömel-Plötz schreibt. Wir teilen uns nicht nur Fakten, Fakten, Fakten mit, sondern jede Menge Befindlichkeiten. Das macht die zwischenmenschlichen Beziehungen zweifellos netter. Aber es kostet enorm viel Zeit.

Zeit, die es manchmal einfach nicht gibt. Zum Beispiel, zack zack, bei der Bundeswehr, wo ja neuerdings auch weibliche Soldaten dienen. Fit sind die, ehrgeizig und fleißig. Wenn sie nur nicht alles immer so umständlich erklären würden, klagt ein Kommandeur an der Offiziersschule in Fürstenfeldbruck: Klare Befehle seien im Ernstfall gefragt, und nicht diese weibliche »Gefechtsfeldlyrik«.

Das denk ich mir an meiner Heimatfront im Journalistenbüro auch manchmal. »Wann soll ich den Artikel abgeben?«, frage ich die Redakteurin, und sie sagt nicht etwa: »Am 10. Januar.« Sondern: »Hm, ich habe ja den Arm im Gips, deshalb dauert hier alles länger, aber auf den letzten Drücker arbeite ich auch ungern. Wenn Sie wüssten, wie viele Manuskripte hier noch von meiner Vorgängerin unbearbeitet herumliegen ...« Grrr. Was will sie mir sagen? Dass ich gut dran bin als freie Journalistin mit intaktem Arm? Dass ich mir ruhig Zeit lassen soll? Oder dass ich ihr schweres Leben erleichtern kann, indem ich meinen Artikel eine Woche früher abgebe als geplant? Ein männlicher Redakteur hätte es mir gleich gesagt: 3. Januar!

Dafür hätte ich nichts über die Stimmung in der Redaktion erfahren (aha, Vorgängerin im Chaos gegangen?

Warum wohl?). Es hat ja seine Vorteile, dass Frauen so gerne quatschen. Sie wollen keine vereinzelten Fakten, sondern Zusammenhänge, nicht nur trockene Nachrichten, sondern Gefühle. Im Business haben sie damit Männern einiges voraus, behauptet Gertrud Höhler: Der weibliche »Panorama-Blick« erkenne zum Beispiel bei Nachwuchskräften früher Potenzial als der männliche »Tunnelblick«. Hat irgendwas mit den Gehirnhälften zu tun und mit dem regen Austausch, den wir Frauen zwischen beiden Hälften praktizieren.

Aber das Ding mit dem Panorama hat diverse Nachteile. Erstens: Es kostet ganz, ganz viel Zeit. Zweitens: Es gewährt dem Gegenüber Einblicke, die ihn gar nichts angehen. Oder warum erzählen Bewerberinnen auf hoch dotierte Jobs auf eine harmlose Frage wie »Sprechen Sie Spanisch?« wortreich von gescheiterten Feriensprachkursen und enttäuschten Latin-Liebschaften? Männer sagen schlicht: »Ja klar« – und nehmen notfalls schnell noch ein paar Stunden Privatunterricht.

Das Bedauerlichste aber am weiblichen Panoramablick: Er kommt im männlichen Tunnel selten in seiner ganzen Weite und Schönheit an. »Nimmst du am Sonntag die Kinder oder ich?«, fragt mein Freund Markus seine Ex, und die holt weit aus: »Ich werd wohl erst mal ausschlafen, weil die letzte Woche irgendwie total stressig war, und jetzt sind ja auch Lehrerkonferenzen.« Ich als Frau würde sie so verstehen: »Ich habe einen verdammt harten Job, deshalb nimm du gefälligst die Kinder.« Markus sieht das ganz anders: »Mit der kannst du eh keine Termine absprechen. Dann spiel ich eben Sonntag Fußball.«

Sie kenne ich aus der Dunkelkammer
Die Frau ist indiskret

Es wird alles furchtbar. Sie werden an unseren neuen Chipkarten erkennen, welche heimtückischen Sehfehler wir haben. Sie werden an unseren SMS-Botschaften überwachen, wie schlecht wir die neue Rechtschreibung beherrschen. Und in einem großen Rechenzentrum irgendwo in einem Bunker unter der Hauptstadt werden kleine graue Männchen sitzen, die ein lückenloses Bewegungsprofil von uns anfertigen.

Ein Glück, dass mir das alles egal sein kann, denn ich wohne in Köln und werde ohnehin lückenlos überwacht von zwei Ureinwohnerinnen dieser Stadt, die das Wort »Diskretion« offenbar nicht mal buchstabieren können. Hier gilt der bundeseinheitliche Datenschutz offenbar nicht, für den auch meine studentische Wohngemeinschaft in den 80er-Jahren mit viel Leidenschaft demonstriert hat (»Volkszähler und Hausierer bitte draußen bleiben!«). Köln ist datenschutzfreie Zone. Schutzlos ist der Mensch hier ausgeliefert der überschäumenden Kommunikation meiner Fotohändlerin und der Gattin meines Frauenarztes.

Kaum betrete ich die Tür meines Fotoladens, schmettert mir Frau Bauer bereits ein fröhliches: »Süß sind sie geworden, die Jungs« entgegen. Das geht ja noch, sie meint meine kleinen Söhne, deren Wachsen und Gedeihen sie an meinen Fotos abliest. Bedenklicher finde ich schon, dass sie mein gesamtes soziales Umfeld sofort erkennt – sie entwickelt ja meine Negativfilme. »Ah, das Fräulein Schwester ist zu Besuch«, begrüßt sie Brigitte, der sie jetzt endlich mal persönlich Guten Tag sagen kann. Man kannte sich bisher ja nur aus der Dunkelkammer. »War's nett in London?«, fragt sie und verkneift sich mit Mühe die Frage, wer eigentlich der Kerl ist, der da vor der Tower Bridge rumsteht – auf den Spanien-Fotos gab's den noch nicht.

Das ist alles nichts gegen Frau Brenner, die man direkt auf die Bühne eines Karnevalsvereins setzen könnte, wenn nicht die Karnevalsvereine so humorlos wären. Frau Brenner ist die Ehefrau und Praxis-Managerin meines Gynäkologen und sitzt in einem offenen Wartebereich mit den Patientinnen. Klingelt das Telefon, schmettert sie fröhlich in den Hörer: »Frau Lederbach? Wegen des Aids-Tests? Nä, da ist doch nix, wo wollen Sie dat denn her haben?«

Sofort ist man am anderen Ende der Leitung in Schweiß gebadet, denn man kennt ja die Räumlichkeiten. Wie oft saß ich im Wartebereich und hörte wahre Dramen mit. »Was? 14. Woche schon? Nä, Frau Schulze, was machen wir denn da? Und der Männe? Ach, den gibt es gar nicht?« So geht das den ganzen Tag. Man könnte seine Lebensgeschichte genauso gut ins Internet stellen.

Mich kann deshalb weder die Krankenkassen-Chipkarte von Frau Ministerin Schmidt noch das Anti-Terror-Gesetz von Herrn Minister Schily schrecken. Meine einzige Horror-Vorstellung wäre, dass Frau Brenner und Frau Bauer sich eines Tages vernetzen. Beide sehen zwar nicht so aus, als besäßen sie ein Handy oder E-Mail. Aber lass sie einmal bei Aldi oder in der Sauna aufeinander treffen. Dann wandere ich aus. Nach Hamburg oder Berlin, wo sie einfach nicht so viel quatschen wie in Köln.

So viele Worte
Die Frau taugt nicht als stumme Dienerin

Arztpraxen waren früher ein Hort der Sachlichkeit. Stahlrohr-Stühle, abstrakte Kunst an der Wand, ein unnahbarer Experte im weißen Kittel. Neuerdings komme ich immer öfter in Praxen, die entweder zu einer Art Selbsterfahrungsgruppe mutiert sind. Oder zu einer revolutionären Zelle. »Wir leisten Widerstand«, steht mit roten Lettern auf einem Plakat im Wartezimmer meines Orthopäden. Und weil man eher lange dort wartet, kann man ihn am Ende auswendig, den subversiven Aufruf gegen Budgetierung und Arzneimittelverordnungsregress. Was immer es genau sein mag, so richtig in die Armut scheint es die schick möblierte Praxis mit acht Behandlungsräumen und einem Lärmpegel wie an der Frankfurter Börse bislang nicht getrieben zu haben.

Noch schlimmer mein Augenarzt. Der legt neuerdings persönlich unterschriebene Flugblätter in seiner Praxis aus, mit der pathetischen Überschrift »Das Vertrauen zwischen dem Arzt und seinem Patienten ist unantastbar.« In dieser Mischung aus Grundgesetz und Ulrike Meinhof (»Die Würde des Menschen ist antastbar«) geht es weiter. Der mir weitgehend unbekannte Arzt berichtet vom hippokratischen Eid, den er nicht brechen will, und seinem Gewissen. Und dass er sich nicht zum Schergen der Politiker machen will und so weiter und so fort. Kann er das nicht direkt mit den Politikern besprechen?

Mir geht schon länger auf die Nerven, dass ich von Menschen, von denen ich eine Dienstleistung erwarte (und dafür bezahle), derart in Anspruch genommen werde. Besonders Frauen belästigen einen gern mit ihrer Befindlichkeit, anstatt einfach ihren Job zu machen. Ob in der Arztpraxis oder im Restaurant. Als wir neulich beim Inder über eine Stunde auf unser Lassi-Getränk warteten und eine weitere auf unser Tandoori Chicken, kam eine sichtlich geschwächte indische Bedienung und entschuldigte sich nicht etwa für die Warterei. Sondern erzählte, sie habe seit drei Tagen hohes Fieber und sei jetzt nur zur Arbeit gekommen, weil alle anderen sich gedrückt hätten. Das fanden wir erstens unappetitlich (»Das Tandoori schmeckt komisch, findest du nicht?«). Und zweitens wollten wir das alles gar nicht wissen.

Auch beim Spanier tröstete uns die Information, dass der Koch heute Abend seine Kinder betreuen muss, kaum über die lange Warterei weg. Und dass es beim Franzosen keinen freien Tisch mehr gab, war bedauerlich genug. Aber musste uns die Chefin wirklich mitteilen, dass sie mehr als 20 Leute auf einmal nicht bewältigen kann? Hätten wir nicht schnell umgedreht, hätte sie uns sicher auch noch von ihrer kaputten Ehe und ihren Schulden auf der Bank erzählt.

Bei weiblichen Servicekräften kommt verschärfend hinzu, dass sie auch ein Kompliment nicht einfach hinnehmen können, sondern durch die Schilderung ihres bedauernswerten Schicksals gleich ratzfatz ins Gegenteil verkehren. Man kennt das ja bereits von der besten Freundin. »Sieht schick aus, der Leder-Mini«, sagt man ihr, und es bricht aus ihr heraus: »Ich bin ja viel zu fett für kurze Röcke, und dieser hier war einfach total billig im Second Hand, ich hab nur grade nichts Sauberes im Kleiderschrank gefunden ...« Soweit die beste Freundin.

Schlimmer die Künstlerin. Wir verbrachten neulich einen extrem netten Abend in einem originellen Restaurant, das statt ausgebildeten Kellnern einfach Musikstudenten engagiert. Zwischen Rucolasalat und Flugentenbrüstchen trällert Raminka aus Kasachstan dann die Zigeuner-Arie aus »Carmen«, kommt nach kurzem Beifall an den Tisch und räumt die Aschenbecher ab. Sehr charmant. Haben wir ihr auch gesagt, aber warum muss die dumme Gans dann erwidern: »Wir sind eben alles Ausländer und müssen hier arbeiten, um Geld zu verdienen.« Ja, Himmel, das wird wohl so sein, aber hatten wir heute Abend die Bürgerversammlung zum Thema Einwanderung gebucht oder einen netten Fress-und-Musik-Abend? Sie singt und kellnert, wir zahlen gutes Geld, das reicht doch als Deal, oder? Sonst soll sie bei Amnesty International anrufen, aber bitte erst morgen früh.

Woher das nur kommt? Vielleicht vom modernen Anspruch, alles verstehen zu müssen und alles mitteilen zu wollen? Eine Spätfolge vom Psycho-Boom der 80er-Jahre? Auf jeden Fall vertraut man sich heute Dinge an, die man früher schön für sich behalten hätte. Und hofft auf Verständnis und Mitgefühl, was grundsätzlich ein legitimes Anliegen ist. Unter Bekannten. Aber der Einblick ins

Privatleben von Fremden ist mir eindeutig zu viel. Ich bin sicher: Die Mode geht vorbei. Ein bisschen Diskretion braucht der Mensch.

Ein Indiz dafür ist, dass die Bekenntnis-Talkshows auf den privaten Fernsehkanälen nach und nach eingestellt werden. Jetzt weiß die Republik, dass Corinna zu dick ist, Jörn seine Kinder schlägt und Nadine 15-mal beim Schönheitschirurgen war. Irgendwann ist das Pensum dessen erfüllt, was man an Privatleben fremder Leute verträgt.

Ich hoffe, dann wird auch die Kommunikation wieder einfacher und effektiver. Ein Freund parkte unlängst widerrechtlich auf dem Bürgersteig in Stuttgart. Als er zum Auto zurückkam, hatte er einen Zettel hinter der Windschutzscheibe. Eine Mutter hatte ihr gesamtes Leiden am Moloch Verkehr im Allgemeinen und dem Auto im Besonderen aufgeschrieben: Ob er eigentlich wisse, wie es sei, so als Frau mit Kinderwagen, wenn egoistische Autofahrer den Gehweg versperrten. Dabei hätten vier Worte genügt, um die Message rüberzubringen: Weg da, du Idiot!

Böse Mädchen
Die Frau ist jetzt mal ganz frech

Im badischen Bühl haben sich Ethnologen aus aller Welt getroffen, um das Bild der Geschlechter in den Märchen zu erkunden. Die Frau, hieß es da, sei zwar in den meisten Märchen die interessantere Figur: hinterhältig wie Aschenputtels Stiefmutter oder gemeingefährlich wie die Hexe im Knusperknusper-Häuschen. Aber dennoch werde sie meistens von einem männlichen Helden beschützt und ernährt.

Da hätten sich die Herren und Damen Märchenforscher doch einfach in den Intercity setzen und gleich nach Frankfurt auf die Buchmesse weiterreisen sollen. Da wird in jedem Bücherherbst wieder das moderne Märchen erzählt, dass Frauen, uuuui, viel zu lieb sind und deswegen, pfuuui, endlich ganz böse werden sollen. Weil, genau, gute Mädchen in den Himmel kommen und böse überall hin. Nicht zu fassen, wer diesen ehemals lustigen Spruch von Mae West inzwischen in sein Verlagsprogramm inkorporiert hat: Böse Mädchen lieben besser (Heyne), tun's überall (Droemer Knaur), spielen anders (Goldmann), reisen anders (Heyne), und sie brauchen zur Belebung des Marktes selbstverständlich ein eigenes Lesebuch (Goldmann). Mal ganz abgesehen von allen Hardcover-, Taschenbuch- und Hörkassetten-Versionen des dämlichen Originals von Ute Ehrhardt. Hab ich was vergessen? Gibt es schon das Kochbuch für böse Mädchen? Ach Quatsch, böse Mädchen kochen natürlich nicht.

Auf dem Level spielt sich das nämlich ab mit den guten und den bösen Mädchen: Die guten kochen und putzen und warten geduldig, bis der Gatte die heiß ersehnte Flugreise bucht. Bei den bösen bleibt die Küche kalt, und sie gehen selber ins Reisebüro. Und anschließend kochen sie wahrscheinlich ein extra großes Steak für Papa und kommen sich aber kackfrech vor, weil sie heute ein ganz böses Mädchen waren. Am nächsten Tag gehen sie zu ihrem Teilzeitjob bei der Bankfiliale Köln-Bickendorf und nehmen das Böse-Mädchen-Buch mit in die Mittagspause, damit die Kolleginnen sehen, dass sie es hier nicht mit irgendwem zu tun haben. Sondern, hö hö, mit einem ganz bösen Mädchen. Vielleicht kaufen sie sich auch noch ein T-Shirt mit »Zicke« oder »Schlampe« drauf.

Am ärgerlichsten an dieser Light-Version von Emanzipation finde ich, dass sich auch ordentlich gemachte Frauenbücher nur noch unter dem Böse-Mädchen-Label vermarkten lassen. Ein wirklich witziges Buch über Dirty Talking – also das erotische Gequatsche im Bett – heißt ohne jede Not: »Gute Mädchen sagen danke schön, böse flüstern 1000 heiße Worte«. Du liebe Zeit – welche Frau sagte jemals im Bett danke schön (wenn schon, dann: »Gern geschehen«)? Und vor allem: Warum regredieren erwachsene Frauen zu Mädchen, nur weil es ihnen im Bett nicht die Sprache verschlägt?

Wahrscheinlich ist es nicht nur im Märchen, sondern auch in der Realität so, dass viele Frauen immer noch gern von einem Mann beschützt und ernährt werden. Dass sie das eine oder andere unanständige Wort fehlerfrei hersagen können, mag sie zu bösen Mädchen machen. Um erwachsene Frauen zu werden, warten wir auf andere Titel. Vielleicht nächsten Herbst?

Wo ist die Fernbedienung? Die Frau liebt einen ausländischen Mann

Ich habe drei sehr unterschiedliche Freundinnen: Sabine, Marion und Jenny. Sie haben nur eines gemeinsam: Sie lieben einen ausländischen Mann. Auch diese Männer sind sehr unterschiedlich, sie haben nur eines gemeinsam: Sie sprechen kein Wort Deutsch. Sabine, Marion und Jenny dagegen gehen in die Volkshochschule, haben Privatlehrer engagiert, und Sabine hört im Auto nicht mehr Grönemeyer, sondern »Ismi Sabine«. Das heißt, ich heiße Sabine. Auf Arabisch. Wogegen Ahmed, Sabines marokkanischer Freund, noch immer bei der Begrüßung die Hand beziehungsreich auf sein Herz legt und »Ahmed. Salem aleikum« sagt.

Der Fall bei Marion ist ähnlich gelagert, ihr Freund Sergeij ist ein hoch begabter russischer Pianist. Er lebt seit fünf Jahren in Deutschland. Er spricht kein Wort Deutsch. »Man muss ja nicht immer reden«, sagt Marion gerne vieldeutig, worauf wir Freundinnen sehnsuchtsvoll in Sergeijs tiefgründige schwarze Augen gucken und uns vorstellen, wie die beiden sich stundenlang ohne zu reden näher kommen. Aber ganz ehrlich: Was macht Sergeij, wenn er, ganz unromantisch, mit einem Blinddarmdurchbruch ins Krankenhaus kommt? Er kann ja schlecht dem Anästhesisten tief in die Augen gucken und ein Stück von Schostakowitsch spielen. Nein, für diesen Fall hat er Marion. Die lernt Russisch. Und muss Sergeij wie ein dreijähriges Kind zu allen Ärzten, Supermärkten und Arbeitsämtern begleiten. Er kann ja kein Deutsch.

Warum machen Frauen das? Warum lernen sie die Muttersprache ihrer maulfaulen Liebhaber? Man könnte sagen, Frauen sind eh doof. Warum habe ich Tiefseetauchen und Wildwasserkajak gelernt? Nur um mich dem jeweiligen Kerl zu assimilieren. Hat jemals einer von denen Qi Gong gelernt? Eben. Selber schuld.

Aber es gibt noch einen viel naheliegenderen Grund. Wenn ausländische Männer unsere Sprache lernen würden, dann müssten sie ja reden. Und das tun Männer nicht gern. Insofern ist das binationale Paar die perfekte Mann-Frau-Beziehung: Sie redet, er schweigt.

Das konnte ich neulich bei Jenny beobachten. Sie hatte uns Arbeitskollegen zu einem ungarischen Pörkölt eingeladen, das ihr Freund Istvan gekocht hatte. Keine Ahnung, wie er mit Taubstummensprache zu den Zutaten gekommen ist, aber es schmeckte lecker, alle waren am Essen, Trinken, Fabulieren. Auf Deutsch. Istvan sprach kein Wort und verstand kein Wort. Bis er irgendwann aufstand und auf ziemlich fehlerfreiem Deutsch fragte: »Jenny, wo ist die Fernbedienung?«

Wo ist die Fernbedienung? Reicht dieser Satz nicht ohnehin einem durchschnittlichen männlichen Mitteleuropäer, um eine Konversation zu bestreiten? Oft genug unternehmen Frauen mit ihren – deutschen! – Männern ambitionierte Konversationsversuche: »Ich finde, wir haben zu wenig Sex. Meine Freundin Renate hat gesagt, ich sehe total erschöpft aus. Soll ich mir eigentlich die Spirale rausnehmen lassen?« Und was sagt er? Er sagt diesen einen Satz: »Wo ist eigentlich die Fernbedienung?« Dabei kann er Deutsch. Das heisst, er könnte. Aber er weiß nicht, was er zum Redeschwall der Frau sagen soll. So viele Fragen, hilfe, er muss reagieren. Er muss handeln. Er muss sich an was festhalten. An der Fernbedienung!

Das mit der Fernbedienung scheint ein internationales Phänomen zu sein. Das schließe ich nicht nur aus dem Umstand, dass Istvan das Zauberwort fast so akzentfrei aussprach wie »Borussia Dortmund« (seine zweite deutsche Vokabelfolge). Das schließe ich messerscharf aus einem Broadway-Stück, das ich gerade im Theater sah. »Caveman«, was so viel heißt wie Höhlenmensch. Die Fernbedienung, so die Theorie des New Yorker Autors, ist der moderne Speer des Urmannes, und mit dem erlegt er die Kanäle: zapp zapp zapp zapp. Während Frauen, wenn sie schon vor der Glotze sitzen müssen, wenigstens verstehen wollen, was im Fernsehen läuft, erschießen Männer die Programme: zapp zapp zapp zapp.

Letzte Nachricht: Ahmed und Sabine wollen sich trennen. Dabei hatten sie sich gerade eine gesamte Ikea-Wohnzimmereinrichtung Ekeskog gekauft. Kann sie alles behalten, hat Ahmed gestenreich geäußert und auf die Glotze gezeigt: Er will nur den Fernseher mitnehmen. Geht in Ordnung, hat sie mit teuflischem Blick gesagt. Aber die Fernbedienung bleibt hier.

So ist das Kind

Nur Frauen sind Menschen
Das Kind liest korrekte Bilderbücher

Die Welt ist schrecklich in Ordnung. So schrecklich, dass es fast wehtut, zumindest in den Bilderbüchern und Hörkassetten, die mein fünfjähriger Sohn Leo so geschenkt kriegt. Tapfere Mädchen bauen Pfadfinderzelte auf, doofe Jungs hocken nachts zähneklappernd davor, und im Kindergarten spielt Mehmet friedlich mit Nina, der kleinen Rollstuhlfahrerin. Man erkennt sie kaum wieder, die Welt.

Nichtsahnend kauft Mama eine »Maus«-Kassette für 6,95 Euro bei Tchibo, »Von Rittern und Burgfräulein«. Leo findet Ritter toll. Er hat ein Lieblings-Bilderbuch, den »Ritter Rost«, der nicht nur von der schleichenden Korrosion seiner Rüstung verunsichert ist, sondern von seinen taffen Zeitgenossinnen Hexe Verstexe und Burgfräulein Bö. Wenn Ritter Rost ein Turnier veranstaltet, wird nicht nur getestet, wer »einen Drachen jagen« und »einen Stier verkloppen« kann, sondern auch, wer »zum Baby rauschen und die Windeln tauschen« kann. Okay, denk ich mir, kann nichts schaden, wenn kleine Jungs schon früh in die weiblichen Softskills eingeübt werden, die neuerdings angeblich so gefragt sind.

Nun also die Ritterkassette. Da schleimscheißert ein Softie-Sprecher schon gleich zu Anfang: »Nur Jungen konnten Ritter werden. Aber sicher gab es damals schon das eine oder andere Ritterfräulein, das von der Gleichberechtigung der Frauen träumte.« Ja nun, surprise, surprise – kaum ist die Geschichte ein bisschen geklittert, wer gewinnt das Ritterturnier? Klare Sache, ein Mädchen, das sich in der Männer-Rüstung versteckt hat.

Das hat frau nun davon. Zu meinen Studienzeiten wurden noch riesige Seminararbeiten zum Sexismus in Janosch-Bilderbüchern verfasst. Der Tiger als Macho-Schwein, der Bär sein doofer weiblicher Assistent. Nieder mit Panama, es lebe Egalia. Inzwischen macht derselbe gute alte geschäftstüchtige und die Zeichen der Zeit vermarktende Janosch ein Bilderbuch wie »Papa Löwe und seine glücklichen Kinder«. Da versorgt ein Papa seine sieben Kinder, »beküsst« morgens die Ehefrau und macht ihr dann liebevoll Frühstück, damit sie ganz entspannt in ihrem Betrieb als »Chefin Nummer eins« die Herren Wertmüller und Nieselregen rumkommandieren kann.

Ist ja alles ganz nett. Ich frag mich bloß: Wer bereitet Leo auf den Ernst des Lebens vor? In seinem Kindergarten gibt es keine einzige Rollstuhlfahrerin, und die türkischen Jungs in seiner Nachbarschaft drohen ihm bestenfalls Schläge an, wenn er die Pokémon-Karten nicht subito zurückgibt, die sie uns aus Versehen auf den Balkon geschmissen haben. Die Jungs auf dem Spielplatz bauen Burgen, während die Mädchen mit den Zähnen klappern, wenn ein Hund vorbeikommt. Und Leos Mama wird zwar regelmäßig beküsst, aber das Frühstück muss sie meistens selber machen.

Schon klar, Bilderbücher haben eine pädagogische Funktion. Aber ist es wirklich im Sinne des Erfinders, sorry der ErfinderInnen, dass Leo neuerdings unsere Eingangstür in zwei Gänge unterteilt? »Rechts dürfen Männer durchgehen«, verkündet er, »und links Menschen.« Auf Nachfrage bestätigt er allen Ernstes: »Nur Frauen sind Menschen.«

Als Sofortmaßnahme hat ihm Oma zu Weihnachten Grimms Märchenbuch geschenkt. Da tricksen Hänsel und Gretel wenigstens im Teamwork die alte Hexe aus, auch wenn es um eine nichtbehinderte alte Frau in einem rein deutschen Nadelwald geht. Seither hat Leo zwar Angst, dass auch wir ihn eines Nachts im dunklen Wald aussetzen, weil wir nichts mehr zu essen für ihn haben. Aber ich habe seither eine super Begründung, warum ich morgens zur Arbeit ins Büro muss. Nicht um Herrn Wertmüller und Herrn Nieselregen rumzukommandieren, sondern um Geld zu verdienen. Damit wir immer genug zu essen haben und unsere Kinder nachts nicht im Wald aussetzen müssen. Das hat er kapiert.

Einlagen fürs Leben
Das Kind hat es nicht leicht

Es muss eine Zeit gegeben haben, als ein Schmerz ein Schmerz war und als solcher behandelt wurde: mit einer Aspirin, einer Spritze und notfalls mit dem Skalpell. Das war meistens rabiat und falsch. Aber manchmal war es auch richtig.

Heute ist es nämlich so: Praktisch 100 Prozent aller Menschen, die mit Rückenschmerzen bei der Physiotherapie auftauchen, sind ganz fest davon überzeugt, dass sie sich »zu viel aufgeladen haben«. Im Zweifelsfall »schleppen sie zu viel mit sich herum«. Und ganz bestimmt haben sie »zu viel Ärger runtergeschluckt«, wenn es im Nacken auch noch schmerzt. Ein guter Arzt, der in Zeiten knapper Budgets überleben will, hat den Psychotalk heutzutage so eloquent drauf wie den »Pschyrembel« und die Rote Liste. Die Nummer mit den mühselig Beladenen wird immer gern genommen. Dass Rückenschmerzen manchmal auch daher kommen, dass die Computer-Tastatur zu niedrig platziert ist und man seit sechs Wochen den Hintern nicht hoch gekriegt hat zum Sport – klingt nicht so gut. Aufgeladen ist besser.

Am fröhlichsten dilletieren die psychologisch im Schnellkurs fortgebildeten Ärzte übrigens, wenn es um Kinder geht. Die können ja auch schlecht Veto einlegen.

Meine Freundin Annette war neulich mit ihrer Tochter beim Orthopäden, wegen einem Senkfuß. Der Mann runzelte die Stirn: »Das Kind steht nicht mit beiden Beinen im Leben«, sagte er sorgenvoll. »Sie sollten ihm helfen, seinen Weg zu finden.« Dabei schlurft Milena schlicht mit zu großen und schweren Turnschuhen durch die Kölner Südstadt. Früher hätte man Einlagen verschrieben. Heute eine Psychotherapie.

Ich weiß, wovon ich rede, denn mein kleiner Sohn Oskar schrie das erste halbe Jahr seines Lebens quasi pausenlos, und zwar ab Geburt. Die Kinderärztin diagnostizierte sofort, dass es sich »in den meisten Fällen um eine gestörte Mutter-Kind-Bindung« handelt. Später stellte sich heraus, der Ärmste hatte sich bei der Geburt einen Nackenwirbel verklemmt, was schlicht wehtut. Ebenfalls seit der Geburt schielt Oskar, ein Auge läuft nach links, das andere nach rechts. Das, vermutete wiederum die Krankengymnastin, könne daher kommen, dass die Eltern manchmal streiten und das Kind nicht weiß, wo es hingucken soll.

Das Schreien hörte auf, sobald sein Nackenwirbel eingerenkt war. Seither ist übrigens auch Mama besser drauf – an ein lachendes Baby bindet sich's nämlich leichter als an ein permanent brüllendes, rot angelaufenes Bündel. Und seit der kleine Sonnenschein eine dicke bunte Brille auf der Nase hat, guckt er ganz vergnügt mal zu Papa, mal zu Mama und manchmal ins Nirwana. Dafür hat Oskars Bruder Leo derzeit Mittelohrentzündung, weil Mama so viel quasselt. Steht in einem gerade erschienenen pädagogischen Ratgeber. Doch Hoffnung naht:

Mama ist heiser und kann nur halb so laut reden wie sonst. »Wer hat Ihre Stimme angegriffen?«, fragte mein Hausarzt heute Morgen. Leider war ich zu heiser, um ihm zu erklären, dass wahrscheinlich fiese kleine Bakterien von Leos Kindergarten in Leos Ohr und schließlich in meinen Hals gehüpft sind.

Nimm's doch mit Gemütlichkeit
Das Kind hat einen schlechten Musikgeschmack

Was braucht ein Kind, wenn es in die Ferien fährt? Nichts muss unbedingt aus Deutschland exportiert werden. Schaufeln und Sandelförmchen unterliegen ohnehin permanentem Schwund und müssen an südfranzösischen Strandkiosken neu gekauft werden. Pampers liegen dank globaler Marktstrategien der Firma Procter&Gamble noch im letzten griechischen Fischerdorf im Regal. Und statt Hipp-Gläsern kann spanisches Hero verfüttert werden, mit hohem Fischanteil, sorgt für übel riechenden Nachschub in den – siehe oben – Pampers.

Nur eines muss dringend ins Reisegepäck: Kinderkassetten. Denn niemand hat einen so konservativen Musikgeschmack wie Kinder. Einmal Dschungelbuch, immer Dschungelbuch. Hören Sie mal zehn Stunden Balu, und Sie verblöden mit jedem Autobahnkilometer. Kein Stau, ohne dass einer der Erwachsenen sagt: »Nimm's doch mit Gemütlichkeit.«

Vor der Geburt meiner Kinder war ich der festen Überzeugung, man könne Einfluss nehmen auf die Hörgewohnheiten seiner Brut. Würde man sie pränatal mit Vivaldi beschallen, würden sie auch postnatal sanft entschlummern beim Anspielen der »Vier Jahreszeiten«. So ähnlich steht es in unzähligen Ratgebern.

Die Realität ist grausamer. Ich erinnere mich an einen Urlaub mit Freunden, Berufsmusiker, die auf dem Gebiet der Neuen Musik einen respektablen Namen haben. Deren achtjährige Tochter hörte zu allen Tages- und Nachtzeiten »Mein Platz im Auto ist hinten« – was umso absurder war, da Mama und Papa als überzeugte Umweltschützer gar kein Auto besaßen. Ich habe leider den Kontakt verloren, wahrscheinlich ist das Kind inzwischen volljährig und fährt Smart oder SLK ohne Rücksitz.

Unsere erste eigene Kinderkassette kam als Zugabe zu einem Paket ökologischer »Emil-Grünbär«-Aktien. »Unser Frosch ist krank« trällerte Leo schon mit zwei, als er, das Stadtkind, noch keinen einzigen gesunden Frosch gesehen hatte. Und weil ich es irgendwann satt hatte, ständig Vokabeln wie »Giftdeponie« oder »Auspuffgase« zu erklären, ging ich zum aktiven Kassetten-Kauf über.

Fredrick Vahle heiße der unangefochtene Star in der Kindermusikszene, sagte mein Buchhändler. Und in der Tat hat der mittlerweile 60-jährige Kinderliedermacher bei Vierjährigen einen Status wie, sagen wir, Robbie Williams bei den 14-Jährigen. Ach, wäre Leo doch schon 14. Dann müsste ich mir nicht von Köln bis Bordeaux insgesamt fünf Mal »Der Vater ist die Arbeit los« anhören. Zumindest wär's englisch, und ich könnte nicht jedes Wort verstehen.

Auch wenn der Gute im Lauf der Zeit den Agitprop ergänzt hat durch Multi-Kulti-Gedudel und die Klampfe durch fernöstliche Meditationsmusik – das Zeug bleibt einem im Ohr kleben wie süße Zuckerwatte am Strand. Das soll es auch. Für die »Einheit von Kopf, Herz und Verstand« haben sie Herrn Vahle – ohne Witz – das Bundesverdienstkreuz umgehängt.

Auf den Strandalltag übersetzt heißt das: Der Verstand sagt »abschalten«. Das Herz schlägt langsamer. Doch im Kopf hämmert es unerbittlich: »Ja der Otto, ja der Otto, der ist Maurer.« Deswegen, lieber Bundespräsident, falls Sie noch mal einen Kandidaten für das Bundesverdienstkreuz suchen, gern auch für den Nobelpreis: Nehmen Sie Herrn Sony oder Herrn Sharp oder Herrn Toshiba. Es lebe der Walkman mit Kopfhörer – nichts ist dem Familienfrieden dienlicher und damit dem deutschen Volk und Staat.

Du das Baby, ich den Fernseher
Das Kind wird geschieden

Neulich im Kindertheater. Kaum hatte sich der Vorhang gelüftet, und »Oskar, der kleine dicke Ritter« stapfte mit seinen schweren Stiefeln auf die Bühne, da maulte ein junger Zuhörer laut und vernehmlich in der ersten Reihe. »Scheiße, das hab ich letztes Wochenende schon mit Papa gesehen.« Wieder so ein Scheidungskind, das die Konjunktur enorm ankurbelt, weil Papa und Mama beide das Allerbeste für ihre Kinder wollen und deshalb ein besonders hochwertiges Freizeitprogramm auf die Beine stellen.

Keine Frage: Mit den neuen Lebensformen wird auch eine Menge Geld umgesetzt. Das galt immer schon für Scheidungen, die aus einem Haushalt mindestens zwei machen, oft aus einem Kinderzimmer zwei. Samstagvormittag sieht man sie massenhaft, die Papas, die bei Tchibo oder Aldi ein zweites Paar Gummistiefel im Sonderangebot kaufen oder bei Ikea eine zweite Kinderbank Kritter für 35 Euro und eine zweite Wippbanane Mane für 30 Euro.

Aber auch die neue Institution der Homo-Ehe sorgt für neue Umsätze. Ich war inzwischen bei drei verschiedenen Homo-Heiratsfeten, und eine war fulmimanter als die andere. Wer hätte geahnt, wie viele schwule Kabarett-

Truppen und Stand-up-Comedians es gibt – oder haben die sich extra gegründet für den neuen Markt? Ganz zu schweigen von den allerliebst dekorierten Blumenbanketts der schwulen Floristen, den appetitlichen Appetithäppchen des lesbischen Catering-Services. Etwas Besseres als das Homo-Ehe-Gesetz hätte denen gar nicht passieren können.

Mein Freund Axel, der Buchhändler, verkauft übrigens zu all diesen Wechselfällen des Lebens die passenden Postkarten. Wer zur Homo-Hochzeitsfeier eingeladen ist, findet im Angebot zwei Marzipan-Bräute oder, nach Bedarf, zwei schnuckelige Marzipan-Bräutigame.

Nur die Scheidung hat er noch nicht im Sortiment. In England mit seinem ganz eigenen Humor gibt es längst massenhaft Glückwunschkarten: »Happy Divorce«. Da zerren Mama und Papa am Strand an ihrem Säugling und kreischen: »Nimm du das Baby, ich nehm den Fernseher.« Okay, wär hier zu Lande nicht wirklich politisch korrekt.

Immerhin: Im Internet gibt es, zwischen »Richtfest« und »Schule«, auch schon elektronische Grußkarten zum Anlass »Scheidung«. Und irgendwie profitiert auch Buchhändler Axel von dem Massenphänomen, denn es gibt in seinem Bilderbuchregal nicht nur Produkte zu den pädagogisch wertvollen Themen »Geschwister«, »Zähneputzen« und »Schlafengehen«, sondern auch zum Thema Scheidung. »Papa wohnt jetzt in der Heinrichstraße« heißen sie, oder »Von Papa lass ich mich nicht scheiden«.

Jetzt braucht Axel eigentlich nur den Gang der Dinge

abzuwarten. Die frisch vermählten Homo-Paare werden Kinder kriegen und ihnen das Bilderbuch des Patrick-Lindner-Gatten Michael Link vorlesen »Komm, ich zeig dir meine Eltern«. Und irgendwann werden auch die Homo-Paare sich wieder scheiden lassen. Und spätestens dann wird auch die deutsche Postkarten-Industrie den Markt erkannt haben. »Ich nehm das Baby, du die Anneliese-Rothenberger-CDs.«

Nach mir oder nach dir?
Das Kind braucht einen Namen

Meinen Freund Konstantin ereilte neulich der Total-Schock. Er ging, nichts Böses ahnend, zu unserem Stüssgen-Supermarkt und traf in der Schlange auf Sabine, seine Ex-Flamme. Die schob keinen gewöhnlichen Einkaufswagen vor sich her, sondern eines dieser neuen quietschbunten Monstergefährte, die von Kindern gesteuert werden und immer leicht behindert aussehen. »Komm, Konstantin«, rief die Mutter grade ihrem Sprössling zu, und mein Freund, der große Konstantin, guckte sich ertappt um. »Du hast ein Kind? Es heißt, äm, Konstantin?«

Blitzschnelles Kopfrechnen ergab, dass er keineswegs der Erzeuger des kleinen Monsterwagenkindes sein konnte. Kurz erwog er, sich zu beschweren bei der Ex: Namenklau ist Samenklau? Quatsch natürlich, keiner hat das Copyright auf seinen Geburtsnamen. Aber komisch war es trotzdem. Warum nannte sie ihr Kind nach ihm? War er doch ihre große Liebe?

Egal welcher Mutter ich die Geschichte erzähle – die Reaktion ist nicht etwa verständnisloses Kopfschütteln. Wie kann man nur sein Kind nach dem Ex benennen? Nein, die Mütter kriegen spontan diesen hormongetrübten Blick, scheinbar ins Rückwärts gewandt. Erzählen von sternenklaren Nächten mit Leonard-Cohen-Musik, von schrägen Bars namens Samira und von dem außergewöhnlich erotischen Kino-Abend bei »Amelie«. Und plötzlich guckt man ganz anders auf die kleinen Scheißer namens Leonard, Samira und Amelie, die vor den Müttern rumwuseln. Keiner von denen heißt, wie sich das einstmals gehörte, nach Matthäus, Hans oder Jakob in der fünften Generation. Alle heißen sie offenbar nach einem Vorleben der Mutter, das auf jeden Fall aufregender gewesen sein muss als dieses Dasein mit milchtriefendem Still-BH, durchwachten Nächten und Schwangerschaftsstreifen.

Das ganz normale Chaos der Liebe lässt sich also mit einiger detektivischer Begabung an den Namen ablesen. An den Vornamen das Vorleben. An den Nachnamen das Nachleben, nach Heirat, Geburt und Scheidung. Dafür braucht man allerdings das James-Bond-Diplom für Fortgeschrittene. Zwar hätte das Bundesverfassungsgericht gerne, dass Namen »die Qualität als identitätsstiftenden Bezugspunkt« haben. Sprich: dass man am Namen ablesen kann, wo ein Blag hingehört. Aber das ist bei steigenden Scheidungsziffern ohnehin Essig. Wenn jede zweite Ehe geschieden wird – was nutzt es dann, dass alle in der Familie mal gleich geheißen haben? Nach der Scheidung heißen die Kinder immer noch so wie Herr Schulz, in dessen Haushalt sie nicht mehr wohnen. Frau Schulz heißt jetzt wieder Riedel wie ihre Eltern. Und wenn die sterben, weiß keiner, welche Namen jetzt auf die Todesanzeige sollen und welche nicht.

So richtig lustig ist es mit den Namen ja erst, seit

Frauen bei der Heirat ihren Namen behalten dürfen, seit 1991. Seither heißt neun Monate nach der Frage »Zu mir oder zu dir?« die entscheidende Frage: »Nach mir oder nach dir?« Denn Eltern müssen sich bei der Geburt des Kindes ein für alle Mal entscheiden, Doppelname ist nicht, sagt das Verfassungsgericht. Also wird verhandelt bis in den Kreißsaal.

Nach mir, sagt sie. Seit neun Monaten trage ich den Zwerg in mir, verzichte auf Alkohol und Fernreisen, sage große Aufträge ab und alpträume vom Geburtshorror. Und dann soll es nicht nach mir heißen? Nach mir, sagt er. Meine Eltern flippen sonst aus, ich habe ja nur Schwestern, keine Chance mehr auf den 785 Jahre alten Familiennamen. Und sollte ich nicht auch mal das Kind zum Kinderarzt bringen?

Vor der Geburt meines ersten Kindes war ich auf einer internationalen UNO-Konferenz, und siehe da, andere Länder, schlichte Lösungen. »Bei uns«, sagte die Kollegin aus Tansania, »ist das ganz einfach: Das erste heißt immer nach der Mutter, das zweite nach dem Vater.« Total demokratisch – bloß leider illegal nach deutschem Recht.

»Unvorstellbar«, so die Reporterin aus Islamabad, »in Pakistan muss es nach dem Vater heißen. Von dem erbt es schließlich auch.« Aber von mir erbt es doch auch. Und wer weiß, bei wem eines Tages mehr zu holen ist?

Die Kollegin aus der Karibik verstand das Problem gar nicht. »In Surinam«, grinste sie, »würde keine Frau auf die Idee kommen, das Kind nach dem Vater zu nennen.« Carribean sex, you know, sagte sie, da gebe es ein altes

Sprichwort: »Die Mutter ist garantiert die Mutter, beim Vater weiß man das nie so genau ...« Also heißt es, Trauschein hin oder her, nach der Mutter.

Mother's baby, father's maybe. Das muss ich Konstantin erzählen.

Kleine, süße, freche Biene Maja
Das Kind wirkt stilbildend

Brauchte neulich ein Last-Minute-Geschenk für Leo, meinen fünfjährigen Sohn. Im Buchladen an der Kasse lag »Lars, der Eisbär« als Aufklapp-Bilderbuch: Mit einer Papplasche lässt sich Lars von Eisscholle zu Eisscholle verschieben, und ein riesiges Flusspferd klappt sein stoßzahn-bewehrtes Maul auf, wenn man Seite drei und vier aufschlägt. »Waren Sie mit Ihrem Kind schon in dem Film?«, fragte die junge Frau, die mich abkassierte. »Ich suche nämlich noch ein Kind, mit dem ich ins Kino gehen kann.« Und sie guckte verträumt: »Der ist sooo süß, der kleine Eisbär.«

Vielleicht sollte ich mein Kind ab und zu vermieten? Denn Ähnliches widerfuhr mir an der Kasse des Drogeriemarktes, wo der nette junge Verkäufer nach kindlicher Compagnie für »Lilo und Stitch« suchte. Und seit meine kinderlose Freundin Flora mir gestanden hat, dass sie mein Auto deshalb so gerne ausleiht, weil im Kassettenrekorder »Der Kleine Wassermann« steckt, bin ich dazu übergegangen, ihr auch ab und zu das dazugehörige Kind ins Auto zu setzen.

Je weniger Kinder geboren werden, desto mehr fahren offenbar die vielen verbleibenden Erwachsenen auf den Kinderkram ab. Eisbär Lars ist wirklich herzzerreißend, wenn er um seine verbotene Freundschaft mit Robbie, der Robbe, kämpft. Und Tuntenherzen schmelzen, wenn Caruso, der schwule Pinguin, mit seiner Dirk-Bach-Stimme den Lemmingen vorflötet, wo sie kollektiv entlangwatscheln sollen.

Aber freiwillig hätte ich ihn mir trotzdem nicht angeschaut, Sonntagnachmittag um 15 Uhr, wenn Kinderlose in Ruhe Mittagschlaf machen könnten. Als Nicht-Mutter wäre ich auch nicht auf die Idee gekommen, bei strömendem Regen ausgerechnet am Tag der Deutschen Einheit in den Deutschen Märchenwald nach Altenberg zu fahren. Massenweise stapften da kinderlose Paare durch den Matsch, riefen Rapunzel zu, sie solle bitte ihr Haar herunterlassen (was sie nicht tat, weil die Rapunzel-Station defekt war), und guckten dem Dicken Wolf auf den Bauch, wie er sich hebt und senkt, nachdem er das Rotkäppchen verspeist hat.

Was ist das? Sehnsucht nach der eigenen Kindheit? Als alles noch einfach und überschaubar war, das Leben ein einziges Überraschungsei (auch so ein Kinder-Produkt, das mehr Erwachsene als Kinder kaufen)? Jedenfalls war ich doch überrascht, als ich bei der Sprachaufnahme zu einem hoch politischen Film die jungen Cutter so eifrig bei der Sache sah. Bis ich hörte, worüber sie sich im schalldichten Schneideraum so angeregt unterhielten: Nicht etwa über die Brisanz unseres Filmes. Sondern über die Sprecherin, deren sonore Stimme vor vielen Jahren die »Drei Fragezeichen« verkörpert hatte.

Kult! Die drei Fragezeichen! Dicht gefolgt von der Sendung mit der Maus, zu der sich sonntagmorgens ganze (kinderlose!) Freundescliquen verabreden. Und von Biene Maja. Standing Ovations neulich bei einem schwulen Männerchor-Konzert, als nach Klassikern wie dem »Kleinen Grünen Kaktus« und »Ursula, der Lenz ist da« endlich Karel Gotts »Maja, Biene Maja« gesungen wurde.

Längst haben es Maja und Willi ja auch auf Damen-Unterwäsche jenseits der Girlie-Größen geschafft. Was denkt sich wohl ein Kerl, wenn er eine erwachsene Frau zum ersten Mal entkleidet, und auf dem BH Größe 75 C tummeln sich Biene Maja oder Snoopy? Hat die Probleme mit dem Älterwerden? Oder: Achtung, unerfüllter Kinderwunsch? Alles Quatsch. Wahrscheinlich törnt ihn das Teil an wie blöd, und er sagt am Morgen danach: Würdest du mit mir in den »Kleinen Eisbären« gehen?

Disney, allein erziehend
Das Kind hat es schon wieder nicht leicht

Das Kind hat es nicht ganz leicht heutzutage. Es geht morgens artig in eine Kindertagesstätte, die es politisch korrekt »Einrichtung« nennt, besucht dort die »Hortgruppe«, wo es morgens erst mal zum »Blitzlicht« in den »Stuhlkreis« geht. Mit pädagogisch wertvollen »Projekten« verbringt es locker eine 38,5-Stunden-Woche, Managerkrankheiten und Mobbing inklusive. Jedes zweite Kind in dieser »Einrichtung« kommt bereits aus bunten Patchworkfamilien oder lebt alleine bei Mama, und Montagmorgen unterhalten sie sich beim Frühstück gerne darüber, ob Dirk jetzt doch auszieht und dass Ines keinen Job mehr hat.

Wenigstens am Wochenende wollen wir deshalb das Kind so richtig Kind sein, auf Bäume klettern, im Matsch pampen, Rennautos um die Wette düsen lassen.

Leider regnet es. Also Schlechtwetter-Programm. Es gibt sooo tolle Kinderfilme im Kino. Seit Tagen quengelt das Kind, wenn es an Litfass-Säulen vorbeikommt: »Lilo und Stitch! Den will ich sehn.« Ist ja von Walt Disney, wird schon was sein zwischen Micky Maus und Cinderella, Balsam für die Kinderseele.

Fängt schon prima an. Mit genmanipulierten Monstern im Labor, aber das versteht das Kind zum Glück nicht.

Dann kommt's knüppeldick. Lilo lebt bei der allein erziehenden Schwester, und die verliert auch noch ihren Job. Sie bietet sich verzweifelt bei allen McDonald's der Umgebung an, aber keine Chance: Das Jugendamt will der Schwester das Kind wegnehmen.

Rabääääh, schreit das Kind. Weder hat es die Verästelungen des amerikanischen Billigjob-Systems verstanden, noch weiß es wirklich, was Arbeitslosigkeit bedeutet. Aber dass ein Kind weggenommen werden soll, das versteht es. Buhuuu, heult es durchs Kino. Das Trauma des modernen Scheidungskindes – muss es jetzt auch bei Walt Disney vorkommen?

So eine blöde Story, sagt Mama nach dem Kino, nächstes Mal gehn wir in einen deutschen Film. Wie wärs mit Bibi Blocksberg, da spielt Katja Riemann mit, die wird sich ja wohl nicht für jeden Scheiß hergeben. Ob es wohl zu gruselig wird für das Kind? So mitten im trüben November, mit Hexenküchen, Spinnenbeinen und gekochten Hühnerknöchelchen?

Ach was, Hühnerknochen im Holzsarg gekocht, kein Problem für Halloweengestählte Kinder. Aber dass Bibis kleiner Kumpel Florian nicht weiß, warum seine Mama ihn verlassen hat, dass Florians Papa ihn womöglich anschwindelt und ihm die neue Geliebte vorenthält – da geht ein Geheule durchs Kinderkino. Uääääh, Mama weg, Papa ein Schwein. Das kennen die Kinder. Müssen sie es auch noch im Kino ertragen?

Schluss mit Kino. Wir sind jetzt Stammgäste in der Stadtbücherei und leihen regelmäßig völlig abgenudelte Videos aus den 70er-Jahren aus. Von Pippi Langstrumpf, die auch ohne Eltern aufwächst, aber daraus kein politisches Programm macht, sondern eine lebenslange Supersause in der Villa Kunterbunt. Von den Kindern aus Bullerbü, wo es zwar irgendwo Eltern gibt, ich glaube sogar ordentlich verheiratete. Aber die spielen so was von keine Rolle.

Denn das ist der Kunstfehler des modernen Kinderkinos: Erwachsene, die sich in die Kinderwelt einmischen, dass es eine Unverschämtheit ist. Irgendwie lebten die Helden des Kinderkinos immer schon relativ elternlos, ob als Mogli im Dschungel oder als Linus mit dem Schmusetuch. Das war aber kein Trauma, denn Erwachsene spielten einfach keine Rolle, ob geschieden, lesbisch oder arbeitslos. Das Drama drehte sich nicht darum, ob Schröders Eltern geschieden sind, sondern ob sie ihm ein neues Klavier kaufen, jawoll, und darauf kommt es an.

Und jetzt, liebes Kind, gehen wir an die frische Luft und lassen deine ferngesteuerten Rennautos um die Wette fahren. Ach du Kacke, die sind bei Papa? Das Kind hat es nicht ganz leicht heutzutage.

Finger weg!
Das Kind will einkaufen

Es wird allerhöchste Zeit, zwei Mythen zu zerstören. Mythos Nummer 1: Der Kunde Kind werde hier zu Lande umworben als super-attraktive Zielgruppe, weil Kinder die Kaufentscheider über Automarken und Handys seien, unendlich viel Taschengeld hätten – blabla, Sie kennen das Geblubber der PR-Leute. Mythos Nummer 2: Besonders nett behandelt würden Kinder von Italienern, die einfach ein Händchen hätten für kleine Menschen, sie auf jeder Piazza mit Gelato verwöhnten, »O sole mio« trällerten und la vita mit Kindern einfach dolcissima locker sähen.

Fangen wir an mit der Fusion dieser zwei Mythen: dem italienischen Geschäftsmann. Hier zu Lande verkauft er wirklich gerne Eis, und das war's dann mit dem Mythos. Kommt er mit seinem sehr witzig bemalten Gelatomobil in den Stadtpark gefahren und öffnet seine Luke, stürmen die Kinder erwartungsfroh ihrem Eis entgegen. Wehe, eines kann sich nicht schnell genug zwischen »Blauer Engel« und »Regenbogen« entscheiden, jenen typisch italienischen Geschmacksnoten. Noch schlimmer: Es hat nur 50 statt 60 Cent parat, und das, avanti avanti nicht schnell genug. Am schlimmsten: Eines fasst an die aufgepappte Eistüte auf dem Gelatomobil, weil es wissen will, ob man die auch essen kann. »Finger weg«, blökt der lustige Eismann dann, treibt die anderen kleinen Kunden mit groben Handbewegungen zur Eile an, und man überlegt sich, ob er vielleicht doch der raffiniert getarnte Hundefänger ist, der mit einem ähnlichen Mobil durch die Stadt kurvt.

Die Geschichte lässt sich mühelos anhand der Pizzeria Capri und dem Eiscafé Dolomiti durchdeklinieren. Wehe, eines der Kleinen will sich die bunte Speisekarte anschauen. »Kein Spielzeug!«, faucht es hinter dem Tresen hervor, wo man bislang niemanden vermutete, weil der Pizzabäcker oder Eismacher das Spiel von Juventus Turin verfolgen muss. Sind ja nur Kinder da, können ja warten. Kein Wunder, dass die Italienerinnen das Kinderkriegen schon länger eingestellt haben, die haben die niedrigste Geburtenrate in Europa.

Nicht dass es bei den Deutschen besser wäre. Es wundert einen nur weniger. Aber manchmal wundert man sich doch. Zum Beispiel als hoffnungsfrohe Kinder, angeheizt von einer extra juvenilen Aufklärungskampagne der Deutschen Bundesbank, ihre gesparten D-Mark-Münzen umtauschen wollten in Euro.

Die Bank ist leer wie ein Friedhof, vor wie hinter dem Tresen. Hallo, sagt die Mutter, wir möchten gerne ... »Nur für Kunden«, ruft eine Angestellte von ziemlich weit weg. Bingo, wir haben ein Girokonto bei der Kölner Bank.

Schade eigentlich, denkt sie wohl und fasst angeekelt die Spardosen meiner Kinder, den roten Elefanten und das grüne Krokodil, an. »Die gehn ja eh nicht auf.« Und setzt sich wieder hin. »Ein Vorschlag«, sagt die Mutter noch immer nett, »ich schraube jetzt die Dose auf, und Sie zeigen meinen Kindern, wie viel das in Euro ist.« »Nee, nee, nee, nee«, sie schüttelt sehr entschieden ihren ondulierten Kopf. »Das kommt in einen großen Sack, und dann in unsere Zentrale, da wird das gezählt, und dann wird das Ihrem Konto gutgeschrieben.«

Großer Sack? »Rabääääh.« Leo plärrt, sein ganzes Barvermögen in Höhe von schätzungsweise 13 Euro 75 schwindet vor seinem inneren Auge. Die Mutter macht einen auf Weltspartag: »Ich bitte Sie, das sind doch die Kunden von morgen.« Es nutzt nix. »Dazu bin ich nicht befugt.« Befugt? Besengt und bescheuert ist die alte Kuh.

Und es bleibt dabei: Kind sein ist kacke. In Köln, Catania und anderswo.

Meine Tochter ist meine beste Freundin
Das Kind sucht dringend Erwachsene

Ich laufe jeden Tag an einem Graffiti vorbei, das selbst mich abgebrühten Großstadtmenschen ärgert. »Ich kill euch alle« steht da in brüllendem Rot auf der schönen, alten Bottmühle, Teil des ehemaligen Stadtmauer-Rings. Saublöder Spruch, und er ist noch nicht mal besonders ästhetisch »getaggt«, wie die jungen Sprayer sagen.

Woher ich das Wort kenne, »taggen«? Ich brauche ja nur Zeitung und Werbung zu konsumieren, überall hat sich die Jugendkultur breit gemacht. »Voll krasse Preise« verspricht mein Handy-Provider, und mein Haarspray hat angeblich schon den »Härtetest« bestanden. Eine billige Anbiederei ist das an die Jugendlichen, dass sie einem wirklich Leid tun können.

Denn kaum haben sie – Privileg jeder jungen Generation – einen neuen Code erfunden, wird er schon von den Alten einkassiert, gerne auch zu Tode analysiert. »Untersucht den Satzbau und die grammatischen Veränderungen folgender Sätze«, steht im Lesebuch für die 9. Klasse: »Boah, Junge, du schwallst.« Und »Dann krieg ich das Rad ersetzt von dem Wichser.« Im selben pädagogischen Werk sollen die Schüler auch neue Metaphern erfinden für Lehrer (»nicht mehr Pauker, sondern?«) und Polizist (»nicht mehr Bulle, sondern?«). Na prima, das macht sicher so viel Spaß, wie seinen ersten Joint in Anwesenheit des Religionslehrers zu rauchen.

Ich möchte nicht 14 sein in einer Zeit, in der die 40-Jährigen »forever young« spielen. Psychologen sorgen sich schon länger, dass die Jugend gegen nichts mehr rebelliert. Wogegen auch? Wenn Papa mit dem Alu-Roller zur Bank fährt und Mama peinlicherweise im bauchfreien T-Shirt ins Boy-Group-Konzert mitkommt? Wie soll man sich abgrenzen von Erwachsenen, die sein wollen wie die Kinder?

Der Wiener Trendforscher Bernhard Heinzlmaier hat schon einen Begriff dafür geprägt: »Präfigurativ« sei unsere Kultur, in der die Erwachsenen sich immer mehr von den Jugendlichen abgucken als umgekehrt. Wo Mama mit »Meine-Tochter-ist-meine-beste-Freundin« shoppen geht, um ganz sicher die modischste Jeansjacke für sich selber zu finden.

Die Trend-Scouts sitzen ja längst nicht nur in den Werbeagenturen, sondern auch in Modehäusern, Kosmetikfirmen, Verbänden und Parteien. Kaum haben die Kids sich die Jeans zerrissen, schon gibt es das Modell Loch-im-Knie bei Gaultier. Kaum laufen sie mit schwarzen Ringen unter den Augen und struppigen Haaren herum, schminken sich die New Yorker Models die Augen müde, und im Drogeriemarkt gibt's »Out-of-Bed«-Gel zum authentischen Verwuscheln der allzu brav daliegenden Haare. Kaum ist »Big Brother« im Fernsehen, hockt schon Guido Westerwelle in der Hütte. Kaum haben sie ein kultiges Medium gefunden wie die Short Messages im Handy, mailt ihnen schon die Evangelische Kirche ein tägliches Motto per SMS. Und schickt zur Grand-Prix-Ausscheidung klerikale Berufsjugendliche namens »Normal Generation?«. Gut, dass sie ein Fragezeichen dahinter gesetzt haben.

Keine Ahnung, womit sie sich eines Tages rächen, die »Kids«, wie wir sie dämlicherweise nennen. Wahrscheinlich weigern sie sich dauerhaft, erwachsen zu werden. Hocken mit 25 noch im Hotel Mama, haben keine Lust, Verantwortung zu übernehmen, boykottieren Bundestags-Wahlen, Vereine und sonstige ernsthafte Veranstaltungen. Weil sie, wie eine Shell-Studie kürzlich ergab, angeödet sind von der »ritualisierten Betriebsamkeit« der Politiker. Dafür lassen wir sie in manchen Teilen Deutschlands schon mit 16 ins Wahllokal. Kommt bloß keiner.

Kein Wunder eigentlich, dass mein anonymer Sprayer in der Nachbarschaft seinen infantilen Killerspruch an die Bottmühle sprüht. Ungefähr auf dem Niveau meines Fünfjährigen, der im Zustand höchster Verzweiflung schon mal seine Karnevals-Knarre zückt und sagt: »Jetzt wärst du tot.« Den Spruch kopiert bestimmt kein Werbefritze. Könnte allerdings sein, dass der eine oder andere Kunsterzieher oder Deutschlehrer das Graffito in den Lehrplan aufnimmt: Analysiere den Satzbau. Finde ein anderes Wort für killen.

Zu Mama oder zu Papa?
Das Kind zieht jetzt öfter um

Es fing an mit diesem Nistkasten. Leo, 5, hatte auf einem Erntefest eigenhändig einen Nistkasten gebaut und dabei Nadine, der flotten Forstingenieurin, ohne Not seine gesamten Familienverhältnisse offenbart. Mama und Papa geschieden, die Kinder haben jetzt zwei Zuhause, den ganzen postmodernen Familienscheiß eben, während Nadine ihm geduldig die Nägel reichte, die er einen nach dem anderen mit seinem Hammer konsequent krummschlug.

Irgendwann war der Nistkasten trotz aller zerdepperten Nägel und zerfurchten Hölzer fertig, man fuhr nach Hause, und das Drama begann. »Wo soll denn der Nistkasten jetzt hängen?«, fragte ich Leo, und er kam in totale Loyalitätskonflikte. Bei Mama? Aber das ist ungerecht, dann hat Papa keinen. Bei Papa? Aber ich habe ihn doch mit Mama gebaut. Bis ihm die zündende Idee kam: »Ich nehme ihn jede Woche mit, wenn ich zu Papa umziehe.«

Es bedurfte größerer zoologischer Ausführungen, einen fünfjährigen Jungen davon zu überzeugen, dass Meisen-Eltern sehr viel von festen Nistplätzen halten und Meisen-Babys nicht so mobil sind wie Menschenkinder. Dass sie den Kasten da suchen, wo sie einmal ihre Eier hineingelegt haben. Und die ganze Zeit zitterte ich vor dem Moment, wenn Leo sagen würde: »Ist das bei Menschen anders?«

Nun, wir haben es geschafft, den armen Meisen, so sie jemals unsere bescheidene Hauswand als Nistplatz akzeptieren werden, das Schicksal der Patchwork-Familie zu ersparen. Wer weiß, ob sie ähnlich flexibel wie unsere Menschenkinder ihren Stundenplan nach den Organizern der geschiedenen Eltern richten können. »Montag übernimmst du den Nestbau bei Papa, ich geh dafür brüten, Dienstag ziehen wir um.« Bisschen viel verlangt von so einer Meisenfamilie, die auch nicht auf das adäquate Angebot an Ratgeberliteratur zurückgreifen kann.

Reicht ja auch so schon, die Anzahl der indirekten Scheidungsopfer. Von denen spricht nämlich niemand. Väter ohne Sorgerecht treten in den Hungerstreik, Mütter ohne Unterhalt bevölkern die Flure der Sozialämter. Und niemand wird so sehr bedauert wie die armen Scheidungskinder. Aber was so eine Scheidung, genauer gesagt, was so 195.000 Scheidungen im Jahr an Kollateralschäden anrichten – Stillschweigen im Lande.

Da sind zum Beispiel unsere Freunde Michael und Birgit. Sie sind vor Jahren in ein Haus eingezogen, das einem uralten Kumpel gehört, und mit dem fingen sie an, den Garten zu bestellen und die Wände rauszubrechen, das Dach neu zu decken und die alten Holzdielen aufzuarbeiten. Als alles fertig war, trennte sich der Kumpel von seiner Frau. Im schönen renovierten Haus blieb sie mit den Kindern, und erst jetzt wurde Michael so richtig klar, dass er sie eigentlich nie leiden konnte. Dafür darf er jetzt ihren Kindern das Fahrrad reparieren und den Rasen alleine mähen, denn er ist der einzige verbleibende Mann im Haus.

Ähnlich das Schicksal unserer Freunde Markus und Ulrike. Sie spielen mit zwei anderen Paaren seit Menschengedenken in einer Doppelkopfrunde. Doppelkopf mittwochs, da konnte in Köln Karneval oder Silvester sein, der Jahresabschluss vor der Tür stehen oder der Dom wackeln. Nichts brachte die Runde mittwochs vom Doppelkopf ab. Bis eines der Paare sich trennte, und die beiden verbleibenden sich tierisch in die Wolle kriegten: Behalten wir sie oder ihn in der Runde? Darüber stritten sich die Rest-Paare derart, dass sie neuerdings viel Zeit für Karneval und Silvester haben. Die Runde ist tot.

Viele solcher Geschichten müssten endlich erzählt werden. Von Wochenendhäusern und Wohngemeinschaften, die an Trennungen zu Grunde gehen. Und immer wieder von Tieren, die nicht wissen, ob Herrchen oder Frauchen das Sorgerecht zugesprochen kriegen. Hasso zu Papa, Miezi zu Mama? Ich bin sicher, es ist eine Frage der Zeit, bis der Tierschutzbund auf die Idee kommt, bei Scheidungsprozessen auch auf das Wohl des Tieres zu plädieren. Das wäre eine feine Sache: Wenn beim Scheidungstermin alle auftreten dürften, die zu sekundären Scheidungsopfern werden. Die Kinderfrau, die Klassenlehrerin, die Nachbarn, die Vermieter und Katze Polli. Und die Interessen unserer Meisenfamilie würden vertreten von Nadine, der flotten Forstingenieurin.